TEATRO GREGO

FICHA CATALOGRÁFICA
CIP-Brasil. Catalogação-na-fonte
Sindicato Nacional dos Editores de Livros, RJ

B818t

Brandão, Junito de Souza.
  Teatro grego: tragédia e comédia / Junito de Souza Brandão. 13. ed. Petrópolis, Vozes, 2021: 152p.

1ª reimpressão, 2024.

ISBN 978-85-326-0451-4

1. Teatro grego (Comédia) – História e crítica.
2. Teatro grego (Tragédia) – História e crítica I. Título

84-0561

CDD – 822.0109
887.0109
CDU – 875-21
875-22

TEATRO GREGO

Tragédia e comédia

Junito de Souza Brandão

EDITORA VOZES

Petrópolis

© 1984, Editora Vozes Ltda.
Rua Frei Luís, 100
25689-900 Petrópolis, RJ
www.vozes.com.br

Todos os direitos reservados. Nenhuma parte desta obra poderá ser reproduzida ou transmitida por qualquer forma e/ou quaisquer meios (eletrônico ou mecânico, incluindo fotocópia e gravação) ou arquivada em qualquer sistema ou banco de dados sem permissão escrita da editora.

CONSELHO EDITORIAL

Diretor
Volney J. Berkenbrock

Editores
Aline dos Santos Carneiro
Edrian Josué Pasini
Marilac Loraine Oleniki
Welder Lancieri Marchini

Conselheiros
Elói Dionísio Piva
Francisco Morás
Gilberto Gonçalves Garcia
Ludovico Garmus
Teobaldo Heidemann

Secretário executivo
Leonardo A.R.T. dos Santos

PRODUÇÃO EDITORIAL

Aline L.R. de Barros
Jailson Scota
Marcelo Telles
Mirela de Oliveira
Natália França
Otaviano M. Cunha
Priscilla A.F. Alves
Rafael de Oliveira
Samuel Rezende
Vanessa Luz
Verônica M. Guedes

Diagramação: Sheilandre Desenv. Gráfico
Revisão gráfica: Andréa Drummond
Capa: Pedro de Oliveira Sampaio Telles

ISBN 978-85-326-0451-4

Este livro foi composto e impresso pela Editora Vozes Ltda.

SUMÁRIO

Prólogo da segunda edição, 7

1 Tragédia grega, 9

   1.1 Tragédia grega: Dioniso ou Baco, 9

   1.2 Métron e tragédia, 11

   1.3 Aristóteles define a tragédia, 13

   1.4 Herói e desfecho, 15

2 Ésquilo, 18

   2.1 O teatro das catástrofes inevitáveis, 18

   2.2 Um *guénos* maldito, 22

   2.3 Duas leituras da Oréstia: A maldição familiar na Thémis (direito antigo) e na Díke (direito novo), e a teoria da ginecocracia, consoante Johann Jakob Bachofen, 25

3 Sófocles, 44

   3.1 A maldição dos labdácidas: Conceito de *guénos* e de maldição familiar, 44

   3.2 A maldição dos labdácidas, 46

   3.3 Édipo Rei, 48

   3.4 O teatro de Sófocles: Moira e concausância. Freud e Bachofen: duas teses, 50

   3.5 Antígona, um reflexo da sofística: Lei da *polis* e lei da consciência, 61

4 Eurípides, 71

  4.1 A nova estrutura trágica, 71

  4.2 O mito de Medeia, 75

  4.3 Medeia, 79

5 Aristófanes, 90

  5.1 Comédia Antiga, 90

  5.2 Aristófanes, 97

  5.3 As rãs, 100

    5.3.1 Argumento, 104

  5.4 A tragédia é analisada no Hades, 106

6 Comédia nova (Néa), 117

  6.1 Da *pólis* à família, 117

  6.2 Menandro, 121

  6.3 Δύσχολος: O misantropo, 123

    6.3.1 Uma comédia bem comportada, 125

PRÓLOGO DA SEGUNDA EDIÇÃO

Bem mais depressa do que se esperava, esgotou-se, há mais de dois anos, a primeira edição de *Teatro grego: tragédia e comédia*. As constantes solicitações de meus alunos universitários do Rio de Janeiro, agora ampliados com outros de São Paulo e de psiquiatras e analistas junguianos, com os quais tenho também a honra de trabalhar, aqui e lá, deram-me coragem para elaborar uma segunda edição deste livro.

Retoquei-o em alguns pontos, porque acho que o essencial ainda resiste. Dioniso, Melpômene e Talia, creio eu, não têm tido, até o momento, motivos de queixa...

Quanto à tragédia, como elemento "castrador" do mito, assunto que alguns gostariam que fosse desenvolvido no presente volume, deixei-o, de propósito, para um livro que estamos ultimando sobre *Mitologia Grega*, cujo primeiro capítulo versa, exatamente, sobre o tema supracitado.

Gostaria, por fim, de externar meus agradecimentos à escritora, grande e pujante, Rose Marie Muraro, pela prontidão com que acolheu este livro, cuja segunda edição se deve a ela, de *iure et de facto*. Ao psicólogo José Raimundo de Jesus Gomes, que, apesar de muito jovem, já está amadurecido para a cultura, fico devendo também o estímulo e a insistência para que *Teatro grego: tragédia e comédia* continuasse sua trajetória.

Rio de Janeiro, 27 de abril de 1984

Junito Brandão

1
TRAGÉDIA GREGA

1.1 Tragédia grega: Dioniso ou Baco

A tragédia nasceu do culto de Dioniso: isto, apesar de algumas tentativas, ainda não se conseguiu negar. Ninguém pôde, até hoje, explicar a gênese do trágico, sem passar pelo elemento satírico.

Comecemos pelo mito. Zeus mais uma vez apaixonou-se por uma simples mortal. Dessa feita, a vítima foi a princesa tebana Sêmele, que se tornou mãe do segundo Dioniso. É que de Zeus e Perséfone nasceu Zagreu, o primeiro Dioniso. Preferido do pai dos deuses e dos homens, estava destinado a sucedê-lo no governo do mundo, mas o destino decidiu o contrário. Para proteger o filho dos ciúmes de sua esposa Hera, Zeus o confiou aos cuidados de Apolo e dos Curetes, que o criaram nas florestas do Monte Parnaso. Hera, mesmo assim, descobriu o paradeiro do jovem deus e encarregou os Titãs de raptá-lo. Apesar das várias metamorfoses tentadas por Dioniso, os Titãs surpreenderam-no sob a forma de touro e o devoraram. Palas Atená conseguiu salvar-lhe o coração, que ainda palpitava. Foi esse coração que Sêmele engoliu, tornando-se grávida do segundo Dioniso. O mito tem muitas variantes, principalmente aquela, segundo a qual fora Zeus quem engolira o coração do filho, antes de fecundar Sêmele. Nesse caso, o filho de ambos se chamava Iaco, nome místico de Dioniso, Zagreu ou Baco, isto é, o jovem deus que conduzia misticamente a procissão dos iniciados nos Mistérios de Elêusis.

O segundo Dioniso, no entanto, não teve um nascimento normal. Hera, ao saber dos amores de Zeus e Sêmele, resolveu eliminá-la. Transformando-se na ama da princesa tebana, aconselhou-a a pedir ao amante que se apresentasse em todo o seu esplendor. O deus advertiu a Sêmele que semelhante pedido lhe seria funesto, mas, como havia jurado pelo Rio Estige jamais contrariar-lhe os desejos, apresentou-se-lhe com seus raios e trovões. O palácio da princesa incendiou-se e esta morreu carbonizada. Sêmele se esqueceu de que um mortal somente pode contemplar um deus com forma hierofânica e não *epifânica*. Na realidade, a princesa tebana não atentou para o *mana* de um deus! Zeus recolheu do ventre da amante o fruto inacabado de seus amores e colocou-o em sua coxa, até que se completasse a gestação normal. Nascido o filho, Zeus confiou-o aos cuidados das Ninfas e dos *Sátiros* do Monte Nisa. Lá, em sombria gruta, cercada de frondosa vegetação, e em cujas paredes se entrelaçavam galhos de viçosas vides, donde pendiam maduros cachos de uva, vivia feliz o filho de Sêmele. Certa vez, Dioniso colheu alguns desses cachos, espremeu-lhes as frutinhas em taças de ouro e bebeu o suco em companhia de sua corte. Todos ficaram então conhecendo o novo néctar: o vinho acabava de nascer. Bebendo-o repetidas vezes, Sátiros, Ninfas e Dioniso começaram a dançar vertiginosamente, ao som dos címbalos. Embriagados do delírio báquico, todos caíram por terra semidesfalecidos.

Historicamente, por ocasião da vindima, celebrava-se a cada ano, em Atenas, e por toda a Ática, a festa do vinho novo, em que os participantes, como outrora os companheiros de Baco, embriagavam-se e começavam a cantar e dançar freneticamente, à luz dos archotes e ao som dos címbalos, até cair em desfalecidos. Ora, ao que parece, esses adeptos do deus do vinho disfarçavam-se em *sátiros*, que eram concebidos pela imaginação popular como "homens-bodes". Teria nascido assim o vocábulo tragédia (<τραγωδία, tragoidía = τράγος trágos, bode + ωδή, oidé, canto + ία, "ia", donde o latim tragoedia e o nosso tragédia).

Outros acham que *tragédia* é assim denominada porque se sacrificava um bode a Dioniso, *bode sagrado*, que era o próprio deus, no início de suas festas, pois, consoante uma lenda muito difundida, uma das últimas metamorfoses de Baco, para fugir dos Titãs, teria sido em bode, que acabou também devorado pelos filhos de Urano e Geia. Devorado pelos Titãs, o deus ressuscita na figura de "trágos theios", de um bode divino: é o bode paciente, o *pharmakós*, que é imolado para purificação da *polis*.

1.2 Métron e tragédia

Na Grécia, todas as correntes religiosas confluem para uma bacia comum: sede de conhecimento contemplativo (*gnôsis*), purificação da vontade para receber o divino (*Kátharsis*) e libertação desta vida "geradora", que se estiola em nascimentos e mortes, para uma vida de imortalidade (*athanasia*). Mas, essa mesma sede nostálgica de imortalidade, preconizada pelos mitos naturalistas de divindades da vegetação, que morre e ressuscita, divindades (*Dioniso*, sobretudo) essencialmente populares, chocava-se violentamente com a religião oficial e aristocrática da *polis*, cujos deuses olímpicos estavam sempre atentos para esmagar qualquer "démesure" (desmedida) de pobres mortais que aspirassem à imortalidade. Os deuses olímpicos sentiam-se ameaçados e o Estado também, uma vez que o *homo dionysiacus*, integrado em Dioniso, através do *êxtase* e do *entusiasmo*, libera-se de certos condicionamentos e de interditos de ordem ética, política e social. Assim se explicam tantos "avisos" na Grécia Antiga, concitando todos à moderação: γνῶθι σαυτόν, "gnôthi sautón", conhece-te a ti mesmo, μηδὲν ἄγαν, "medèn ágan", nada em excesso...

Ora, os devotos de Dioniso, após a dança vertiginosa de que se falou, caíam desfalecidos. Nesse estado acreditavam *sair de si* pelo processo do ἔχστασις, "ékstasis", êxtase. Esse sair de si, numa superação da condição humana, implicava um mergulho em Dioniso e este no seu adorador pelo processo do ἐνθουσιασμός, "enthusiasmós", entusiasmo. O homem, simples mortal, ἄνθρωπος "ánthropos", em *êxtase* e *entusiasmo*, comungando com a imortalidade, tornava-se ἀνήρ "anér", isto é, um *herói*, um varão que ultrapassou o μέτρον, "métron", a medida de cada um. Tendo ultrapassado o *anér* é, *ipso facto*, um ὑποχριτής, "hypocrités", quer dizer, *aquele que responde* em êxtase e entusiasmo, isto é, o ATOR, *um outro*.

Essa ultrapassagem do *métron pelo hypocrités* é uma "démesure", uma ὕβρις, "hybris", isto é, uma violência feita a si próprio e aos deuses imortais, o que provoca a νέμεσις, "némesis", o ciúme divino: o *anér*, o ator, o herói, torna-se êmulo dos deuses. A punição é imediata: contra o herói é lançada ἄτη, "até", cegueira da razão; tudo o que o *hypocrités* fizer, realizá-lo-á contra si mesmo (Édipo, por exemplo). Mais um passo e fechar-se-ão sobre eles as garras da Μοῖρα, "Moira", o destino cego.

Esquematizando:

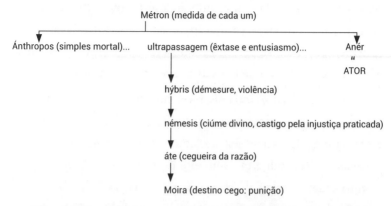

Eis aí o enquadramento trágico: a tragédia só realiza-se quando o *métron* é ultrapassado. No fundo, a tragédia grega, como encenação religiosa, é o suplício do leito de Procusto contra todas as *démesures*. E, mais que isto: como obra de arte, a tragédia é a desmitificação das *bacchanalia*. Eis aí por que o Estado se apoderou da tragédia e fê-la um apêndice da religião *política* da *polis*.

1.3 Aristóteles define a tragédia

> É, pois, a tragédia imitação de uma ação séria e completa, dotada de extensão, em linguagem condimentada para cada uma das partes (imitação que se efetua) por meio de atores e não mediante narrativa e que opera, graças ao terror e à piedade, a purificação de tais emoções[1].

A definição de Aristóteles, além de distinguir a tragédia da epopeia, possui duas palavras-chaves que tantas interpretações têm provocado: basta dizer que até 1928 havia cento e cinquenta

---

1. ARISTÓTELES. *Poética*, 1449 b. Porto Alegre: Globo, 1966 [Tradução de Eudoro de Souza].

"tomadas de posição" em relação à catarse. Isso mostra o interesse não apenas, mas sobretudo, o desespero diante do enigma da μίμησις "mímesis" (imitação) e da χάθαρσις, "Kátharsis" (purificação). Não se pretende aqui solucionar o problema, mas dizer francamente o que pensamos acerca do assunto.

A palavra *mimese, mímesis*, recebeu-a Aristóteles de seu mestre Platão, rejeitando, porém, *in limine*, a dialética platônica da essência e da aparência. Para Platão o poeta é um recriador inconsciente. Reproduz tão somente reproduções existentes, porquanto a matriz original, criação divina e perfeita, bela e boa, fonte e razão dos exemplares existentes neste mundo, encontra-se na região do *eidos*, no mundo das ideias. Daí concluir Platão que a arte (a tragédia...), sendo mimese, imitação, é técnica imperfeita. A arte, alimentando-se da imitação, vive nos domínios da aparência e afasta os espíritos do *alethés*, da verdade, sendo, por isso, intrinsecamente imoral.

Aristóteles separa argutamente a arte da moral com a teoria da *mimese* e da *catarse*. A tragédia é a imitação de realidades dolorosas, porquanto sua matéria-prima é o mito, em sua forma bruta. Acontece, todavia, que essa mesma tragédia nos proporciona deleite, prazer, entusiasmo. Que tipo estranho de prazer pode ser esse? Um deleite motivado por realidades dolorosas? Mais: tais obras adquirem seu perfil pela história relatada – um catálogo de cenas dolorosas que tem um desfecho, as mais das vezes trágico, infeliz. A tragédia é, não raro, a passagem da boa à má fortuna.

Ora, se o *belo* é equilíbrio, ordem, simetria, proporção, como se explicam esses assuntos dolorosos, essas paixões violentas, que andam muito longe dos tipos conhecidos de ordem e proporção? A resposta não é difícil com Aristóteles. Todas as paixões, todas as cenas dolorosas e mesmo o desfecho trágico são *mimese*, imitação, apresentados por via do poético, não em sua natureza trágica e brutal: não são reais, passam-se num plano art.ficial, mimético. Não são realidade, mas valores pegados à realidade, pois arte é uma realidade artificial.

Mimese que é, a arte não é moral, nem imoral, é arte simplesmente...

Catarse, kátharsis, significa, na linguagem médica grega, de que se originou, purgação, purificação. Diz Aristóteles que a tragédia, pela compaixão e terror, provoca uma catarse própria a tais emoções, isto é, relativa exclusivamente ao terror e à piedade e não a todas as paixões que carregamos em nossa alma. A matéria-prima da tragédia, como já se disse, é a mitologia. Todos os mitos são, em sua forma bruta, horríveis e, por isso mesmo, atrágicos. O poeta terá, pois, de introduzir, de aliviar essa matéria bruta com o terror e a piedade, para torná-los esteticamente operantes. As paixões arrancadas assim de sua natureza bruta alcançam pureza artística, tornando-se, na expressão do Estagirita, uma alegria sem tristeza. Destarte, os sentimentos em bruto da realidade passam por uma filtragem e a tragédia "purificada" vai provocar no espectador sentimentos compatíveis com a razão. Assim, poderá Aristóteles afirmar que a tragédia, suscitando terror e piedade, opera a purgação própria a tais emoções, por meio de um equilíbrio que confere aos sentimentos um estado de pureza desvinculado do real vivido.

1.4 Herói e desfecho

Aristóteles delimita com muita precisão o caráter do herói trágico e a causa de sua *metabolé*, ou seja, de sua transformação ou mutação da fortuna.

Vejamos de perto o que ele nos ensina:[2]

> Como a composição das mais belas tragédias não é simples, mas complexa, e além disso deve imitar casos que suscitem terror e piedade, porque este é o fim próprio desta imitação, evidentemente se segue que não devem ser representados *nem homens muito bons* que passem da boa para a má fortuna, *nem homens muito maus* que passem da má para a boa fortuna [...] O mito também não deve representar um malvado que se precipite da felicidade para a infelicidade.

Já que "os muito bons" não devem passar da boa para a má fortuna, os maus, da desdita para a felicidade, e nem tampouco o perverso, da felicidade para a desdita, todos essencialmente por não preencherem o fim próprio da tragédia, que é suscitar terror e piedade, resta, portanto, e apenas, a *situação intermediária*, isto é, "a do homem que não se distingue muito pela virtude e pela justiça". O herói há de ser, por conseguinte, consoante Aristóteles, o homem que, se caiu no infortúnio, não foi por ser perverso e vil, mas δι᾿ ἁμαρτίαν τινά, "di' hamartían tiná", isto é, "por causa de algum erro". No mito bem estruturado, pois, o herói não deve passar da infelicidade para a felicidade, mas, ao revés, da fortuna para a desdita e isto, não porque seja mau, mas por causa de alguma falta cometida. Tal falta, *hamartía*, Aristóteles o diz claramente, não é uma *culpa moral* e, por isso mesmo, quando fala da *metabolé*, da reviravolta, que faz o herói passar da felicidade à desgraça, insiste em que essa reviravolta não deve nascer de uma deficiência moral, mas de grave falta (hamartía) cometida. A reviravolta, a passagem da boa à má fortuna, todavia, não implica necessariamente um desfecho *trágico* ou *infeliz* da peça. É bem verdade que para Aristóteles a mais bela das tragédias é

---

2. *Poética*, 1452b; 1453a.

aquela em que se passa da felicidade à desdita (*Poét.* 1453), mas tal juízo não o impediu de admitir o transe da infelicidade à felicidade (*Poét.* 1451a). O que é preciso é distinguir *conflito trágico fechado* – da ventura à desdita (*Édipo Rei, Antígona*) de *situação trágica* – da desventura à felicidade (*Alceste, Filoctetes, Íon, Helena, Oréstia...*).

É que o trágico pode não estar no *fecho*, mas no corpo da tragédia. Chamamos, por isso mesmo, *tragédia* à peça cujo conteúdo é trágico e não necessariamente o fecho.

2
ÉSQUILO

2.1 O teatro das catástrofes inevitáveis

Ésquilo, o poeta de Elêusis, celeiro dos Mistérios de Deméter e Perséfone, é do último quartel do século VI a.C., quando a Sofística ainda não havia, com a corrupção do *lógos*, opondo a razão à própria razão, abalado os nervos da *polis*. Habituado às trevas do τελεστήριον, "telestérion", que só se iluminava quando os fachos dos iniciados, à voz do grande sacerdote de Deméter, mostravam aos μῦσται, "mystai", aos iniciados, o grande mistério da espiga de trigo cortada ao meio, o teatro esquilino é muito mais uma teomorfização que uma antropomorfização. Suas personagens, sendo mais heróis que homens, seu drama é uma luta desesperada entre as trevas e a luz, entre a agonia e o terror, entre o Hades e o Olimpo, entre as Erínias e Apolo, entre a *Moira* e a δίχν, "díke", justiça. Nessa luta de vida e morte, o grande trágico busca nervosa e desesperadamente uma conciliação entre o *dike*, o princípio da justiça, e a *Moira*, o destino cego, já que *polis* é a casa dos homens e a πρᾶξις, "praxis" dos deuses. Manipulando uma religião, até o momento intocável, apesar de algumas chicotadas de Xenófanes, o poeta da *Oréstia*, bem mais do que em Sófocles e muito mais do que em Eurípides, fez que a liberdade fosse substituída pelo seu contrário, a fatalidade. Sendo a Moira, e não o homem, a medida de todas as coisas, no teatro de Ésquilo o homem é, realmente, como lhe chama Píndaro, σχιᾶς ὄναρ ἄνθρωπος, "skiâs ónar ánthropos", o sonho de uma sombra. Tem-se a impressão de que o soldado de Maratona escreveu suas peças com os olhos voltados para o Pórtico de Delfos: *gnôthi sautón*, conhece-te a ti mesmo. O *medèn ágan*, o nada em demasia, faz parte intrínseca de seu pensamento. O *ánthropos*, o homem, em Ésquilo tem que estar realmente condicionado por sua condição humana.

Afinal, *ánthropos* é *homo* e *homo* é *húmus*, terra, barro, argila. Ser *humilis*, humilde, com a cabeça voltada para a terra, é próprio da condição humana...

Pois bem, se o homem ultrapassa o *métron*, a medida "humana" de cada um, comete de imediato uma *hybris*, a violência feita a si próprio e à divindade. A *hybris* fatalmente gera a *némesis*, a justiça distributiva e, por consequência, a punição pela injustiça praticada: é o ciúme divino, pois que o mortal em *hybris*, após ultrapassar o *métron* é, de certa forma, um competidor, um êmulo dos deuses. O castigo é imediato: *áte*, a cegueira da razão, apossa-se do pobre mortal. Tudo o que este fizer, fá-lo-á em direção ao abismo final, a queda fatal nos braços da *Moira*. Como estamos longe do grande admirador de Ésquilo, Paul Claudel, em que o abraço fatal da *Moira* é substituído pelo abraço de dois braços de misericórdia, pregados na cruz!

Em uma de suas tragédias mais características a esse respeito, *Os Persas*, o poeta deixa claro seu pensamento. O εἴδωλον, "eídolon", o fantasma de Dario, invocado pelo Coro, quando surge de seu lúgubre sepulcro, explica de modo preciso a derrota de seu filho Xerxes em Salamina: o que perdeu Xerxes foi a ultrapassagem do *métron*, a *hybris*, como explica a alma do grande rei:

Dario – Ele, um mortal, pensou, na sua insensatez, que podia triunfar
de todos os deuses, até de Posídon (*Pers.* 747ss.).

E mais adiante, ao regressar às trevas do Hades, o *eídolon* do grande rei deixa aos espectadores do Teatro de Dioniso sua mensagem final:

Dario – ... e os cadáveres amontoados, na sua linguagem muda, revelarão aos olhos dos mortais, até a terceira geração, que o homem não deve ter sentimentos orgulhosos, pois a "hybris", ao amadurecer, produz espigas de erro e a seara ceifada será tão somente de lágrimas (*Pers.* 818-822).

É que, como afirma Dario, "quando um homem se aplica à própria perda, os deuses trabalham com ele".

Eis aí a ideia, a filosofia básica do teatro esquiliano: a *Moira*, a fatalidade cega, esmaga o homem, mas esse mesmo homem tem uma parcela grande de responsabilidade em sua própria tragédia, uma vez que ultrapassou o *métron*: é, ao menos, uma ponta do véu da *Díke*, da justiça, que o trágico de Elêusis procura levantar. Uma tragédia não se gera gratuitamente. Uma desgraça acontece, um herói é trágico *di' hamartían tina*, mercê de alguma falta cometida, observa agudamente o gênio de Aristóteles, na *Poética*.

E Xerxes, o grande derrotado na batalha de Salamina, assume a responsabilidade pela *hamartía* cometida:

Xerxes – Fui eu, ai! ai! eu, lamentável e desgraçado, que me tornei o flagelo de minha raça, o verdugo de minha pátria (*Pers.* 931-932).

E o Coro revela com precisão o motivo da derrota e da ruína do filho de Dario e de seus inúmeros soldados, cujas setas, se lançadas contra o céu, cobririam a luz do sol...

Coro – Ió! Ió! Os deuses provocaram um desastre imprevisto. Com que clareza se manifesta Áte (*Pers.* 1007-1008).

Como diz o *eídolon* de Dario no texto já citado "quando alguém se aplica à própria ruína, os deuses trabalham com ele". Mas, se o homem é, de certa forma, o responsável pela *hybris*, essa responsabilidade não afeta apenas o herói, mas a ordem universal. Assim, esmagando o homem no fecho de seu drama, a ordem cósmica, transtornada pelo mesmo, se reequilibra e testemunha sua firmeza na própria χαταστροφή, "katastrophé", na própria queda do herói. Como agudamente assinalou Donaldo Schüler[3], o mundo grego se define pelo modelo carência / plenitude; nele, "carência é a perturbação passageira da ordem, e plenitude é o restabelecimento da ordem". Eis aí o motivo por que, no teatro esquiliano, o coletivo sempre supera o individual. Na tragédia *Os persas* não existe propriamente um herói, uma personagem central. Nem uma só vez é citado o nome do grande vencedor Temístocles. Para Ésquilo, o comandante dos gregos foi a *polis* e como magistralmente observa H.D.F. Kitto[4], as forças gregas são os raios da justiça divina, não havendo lugar para nomes individuais. É que em Ésquilo as personagens existem em função da fábula, ao contrário de Sófocles, em que a fábula existe em função da personagem central, ou, por outra, as personagens de Sófocles são elaboradas em função de suas ações recíprocas. Quando a Rainha Atossa, esposa de Dario, pergunta ao Corifeu qual o chefe grego que comanda o exército, a resposta é esmagadora:

Corifeu – Eles não são escravos nem súditos de nenhum mortal (*Pers.* 243).

Estamos em Atenas, que, desde 510 a.C., havia substituído a tirania pela democracia. Não é a um chefe que os gregos obedecem, mas a uma soma de sentimentos coletivos, isto é, à *polis*.

O teatro de Ésquilo é, de outro lado, um drama sem esperança e sem promessas; lá não aparece, como em Sófocles, o olho verde de Pandora e, sob esse ângulo, a tragédia esquiliana está em oposição total às ideias de Eurípides, cuja tônica dramática é um mundo onde o sofrimento não se justifica mais. Para Ésquilo não, o sofrimento é uma página de sabedoria. "Sofrer para

---

3. SCHÜLER, Donaldo. *Carência Plenitude*. Porto Alegre: Movimento, 1976, p. 16.
4. KITTO, H.D.F. *A tragédia grega*. 2 vols. Coimbra: Arménio Amado Editor, 1972.

compreender": a dor redime e concilia. O Coro no *Agamêmnon*, primeira das tragédias da trilogia *Oréstia*, é taxativo:

Coro – Mas, quem, de todo seu coração, celebrar Zeus triunfador, obterá a suprema sabedoria. Zeus abriu aos mortais os caminhos da prudência, ele, Zeus, o mestre que lhes deu esta lei: sofrer para compreender (*Agam*. 174-178).

Esse "sofrer para compreender", no entanto, muitas vezes não é de responsabilidade individual, mas de responsabilidade do *guénos*, ou seja, a *hamartía* é uma herança.

Se o *guénos* é uma soma de *personae sanguine coniunctae*, um grupo unido pelos laços de sangue, todos e cada um individualmente são sempre corresponsáveis pelo agir do outro. A falta de um recai sobre todos.

2.2 Um *guénos* maldito

A Oréstia, única trilogia ligada, quer dizer, de assunto correlato que nos chegou do Teatro Grego, é, como temática, o drama de uma maldição familiar, a que não faltam, para aumentar a tensão, as faltas individuais da maioria das personagens que compõem esse quadro macabro. O responsável maior pela *hamartía* que todo um *guénos* (e sobretudo a maldição familiar dos Atridas) teve que expiar com longos sofrimentos e muito sangue derramado foi Tântalo. Rei da Frígia ou da Lícia, seguindo as pegadas de Licáon, Tântalo desejou testar a imortalidade e onisciência dos deuses, servindo-lhes num banquete as carnes de seu próprio filho Pélops. Lançado no Tártaro, sofre o suplício da fome e da sede. Ressuscitado por Hermes, Pélops criminosamente se casou com Hipodamia, já que, para desposá-la, matou-lhe traiçoeiramente o pai Enômao. A maldição, como *machina fatalis*, começa a funcionar. De Pélops e Hipodamia nasceram, entre outros, *Tieste e Atreu* que, na disputa pelo reino de Micenas, tornaram-se inimigos mortais. Fingindo uma reconciliação com Tieste, Atreu repetiu a façanha criminosa do avô. Convidou Tieste para um banquete e serviu-lhe as carnes dos três filhos de seu próprio irmão. Egisto, que nasceu mais tarde, jurou vingar os irmãos – como aliás era de praxe e obrigatoriedade na θέμις, "thémis", no direito antigo. Observe-se que Ésquilo, como veremos, tenta na *Oréstia*, que possui também um caráter político, mostrar que a *thémis* fora substituída pela *dike*, direito profano, porquanto já não se vivia mais, ao menos desde Dracon, na época das vinditas no *guénos*, mas numa democracia. De Atreu nasceram Agamêmnon e Menelau. De Agamêmnon, que desposou Clitemnestra, nasceram Ifigênia, Crisótemis, Electra e Orestes, uma ninhada, como se sabe, marcada pela *némesis* dos deuses.

De Menelau, que se casou com Helena, irmã de Clitemnestra, vieram ao mundo Hermíona e Nicóstrato.

Resumindo em quadros, temos o seguinte *guénos* maldito:

O rapto de Helena por Alexandre ou Páris, príncipe troiano, valido de Afrodite, é sinal de que as engrenagens da máquina voltaram a funcionar. A ofensa feita por Alexandre atingiu não apenas o *guénos* dos Atridas, mas a família grega inteira. Basta que se abra a *Ilíada* no c. II, segunda parte, B, e se leia o célebre *Catálogo das Naus* para se ter uma ideia da coesão da família helênica. Chefe supremo dos gregos na guerra contra Ílion ou Troia, para vingar a Hélade na pessoa de Menelau, rei de Esparta, foi Agamêmnon, rei de Micenas, uma espécie de rei suserano, de que dependiam, em parte, os demais feudos, minuciosamente enumerados no *Catálogo das Naus*.

Agamêmnon, visando ao bem comum, já que a frota grega estava parada em Áulis, por causa de uma calmaria, sacrifica sua própria filha Ifigênia, pois assim o exigiu a cruel deusa local, Ártemis, a fim de que a expedição vingadora pudesse prosseguir. A partir desse momento a trilogia, em seus significados, propriamente se inicia. Clitemnestra, pensando em vingar o sangue derramado de sua filha Ifigênia e, portanto, o *seu sangue*, une-se a Egisto, primo, como já se mencionou, de Agamêmnon e que jurara vingar seus irmãos trucidados por Atreu. Clitemnestra e seu amante Egisto tramaram o assassínio de Agamêmnon, quando este regressasse de Troia. Para isso ela exilou o filho varão, Orestes, um vingador obrigatório do sangue paterno, se este fosse derramado. A oposição de Electra à união Clitemnestra-Egisto tem por consequência imediata o ódio e o desprezo de sua mãe e do amante Egisto.

Não se cuidará aqui de Freud e Jung, ou seja, do Complexo de Electra, recíproca do Complexo de Édipo. À trilogia dar-se-ão dois outros enfoques: o da maldição familiar, herança do *guénos*, e o enfoque antropológico, defendido por Bachofen.

2.3 Duas leituras da Oréstia: A maldição familiar na Thémis (direito antigo) e na Díke (direito novo), e a teoria da ginecocracia, consoante Johann Jakob Bachofen

A *Oréstia* de Ésquilo, encenada em 458 a.C., consta de três tragédias de assunto correlato: *Agamêmnon, Coéforas* e *Eumênides*. É a única trilogia ligada, como já se mencionou, que nos chegou do Teatro Grego. Sófocles e Eurípides hão de focalizar o mesmo assunto em uma única tragédia, *Electra*. Por aqui se pode ver a diferença básica entre os três grandes trágicos: Ésquilo elabora suas personagens em função da fábula e, por isso mesmo, suas tragédias nunca têm um fim, constituindo-se realmente numa obra aberta; em Sófocles e Eurípides, ao revés, o drama completa-se, já que a fábula existe em função das personagens.

A grandiosa trilogia abre-se com a tragédia *Agamêmnon*. É noite. Aliás, a trilogia começa nas trevas, no Palácio dos Atridas, e termina em plena luz, no Areópago de Atenas, o que evidentemente trai o iniciado ou conhecedor profundo dos Mistérios de Elêusis, que começavam nas trevas e terminavam com o grito final dos iniciados, ao clarão de centenas de archotes que iluminavam o *telestérion*. Trevas, noite, luto, em contraste com facho, clarão, chama, luz, que enriquecem o texto inteiro da *Oréstia*, são índices preciosos que põem o leitor de sobreaviso para a grande luta que se vai travar entre as trevas, Hades, Erínias e *thémis*, de um lado, e luz, chama, Olimpo, Apolo, Atená e *díke*, do outro. Mais precisamente: o conflito entre o matriarcado e o patriarcado.

O vigia, que monta guarda no terraço do tenebroso palácio dos Atridas, deseja ardentemente ver o sinal combinado, que anunciará a vitória aqueia sobre os troianos:

Vigia – Oxalá chegue o termo feliz de minhas canseiras e a chama da alegria ilumine as trevas (*Agam.* 20-21).

Trevas e *chama* são signos muito claros: traduzem Clitemnestra e Agamêmnon. E, mais adiante, numa alusão ao que espera Agamêmnon no palácio, assim se expressa:

Vigia – Ao menos possa eu apertar na minha mão a mão querida do Senhor desta casa, quando ele voltar. Calo o resto – um grande boi está na minha língua. Mas o próprio palácio, se tivesse voz, falaria claramente. Falo de bom grado para os que sabem, mas, com os que não sabem, esqueço tudo (*Agam.* 34-39).

A rainha recebe a Agamêmnon com palavras perpassadas de cinismo, fazendo-o caminhar sobre um tapete de púrpura – signo do sangue que vai ser derramado – até o interior do palácio, onde, com ajuda de Egisto, o apunhala.

Ante as ameaças do Coro que diz à rainha que ela há de pagar golpe por golpe, Clitemnestra responde com a lei da *thémis*:

Clitemnestra – Não pela justiça que vingou minha filha, por Áte e pelas Erínias, às quais imolei este homem, nunca o terror penetrará em minha casa, enquanto, para acender o fogo de meu lar, Egisto estiver aqui, conservando-me como antes sua benevolência (*Agam.* 1432-1436).

E mais adiante ratifica sua atitude:

Clitemnestra – Não creio indigna a sua morte. Não foi ele quem hospedou em sua casa a morte pérfida? A minha filha, a filha que tive deste homem, minha Ifigênia tão chorada – a sorte que lhe deu bem merecia a sorte que sofreu ele próprio. Que ele não se vanglorie, pois, no Hades: pagou com a morte da espada os crimes que cometeu primeiro (*Agam.* 1521-1529).

O Corifeu insulta e ameaça Egisto:

Corifeu – Por que, covarde, não feriste o herói com tuas mãos? Por que foi uma mulher, vergonha de nossa terra e de nossos deuses, que o matou? Mas Orestes – Orestes não está vivo, para vir um dia, guiado por uma sorte favorável, e matar ambos com seu braço vingador? (*Agam.* 1643-1648).

A estas ameaças do Corifeu, que continua a injuriá-lo, Egisto responde e ouve a ameaça que mais o perturba:

Egisto – Eu te pegarei nos dias que vêm (*Agam.* 1666).

Corifeu – Não se um deus nos trouxer Orestes... (*Agam.* 1667).

Este verso de Corifeu deixa bem patente que a lei do talião ainda não chegou ao fim e é, simultaneamente, uma preparação para a segunda peça da trilogia, *As Coéforas*, isto é, "as que levam libações".

Orestes, que retorna, encontra-se com sua irmã Electra junto ao túmulo do pai, aonde ela fora fazer libações, por ordem de Clitemnestra, que não mais consegue conciliar o sono. Orestes comunica à irmã a ordem recebida de Apolo para matar Clitemnestra e seu amante Egisto:

Orestes – Não me trairá o poderoso oráculo de Lóxias que me ordenou correr este risco [...] ameaçando-me de castigos intoleráveis se não perseguisse os culpados da morte de meu pai, usando das mesmas armas. Ordenou-me matar quem matou... (*Agam.* 269-275).

Mas, logo à frente, com a visível intenção do poeta de bem caracterizar a lei do "guénos", acrescenta:

Orestes – Mas ainda que não fosse por obediência, a obra teria de se realizar. São muitos os motivos que em mim se encontram de acordo... (*Agam.* 298-299).

O Corifeu amplia e completa as palavras de Orestes:

Corifeu – Poderosas Parcas, oxalá tudo se cumpra, por Zeus, conforme a justiça. Toda palavra de ódio seja paga por palavra de ódio! Eis o que a justiça, exigindo de cada um o que é devido, vai proclamando. Seja a morte paga pela morte! Ao culpado o castigo, apregoa um ditado antiquíssimo (*Agam.* 306-314).

E mais adiante:

Corifeu – É uma lei que as gotas do sangue derramado no solo exigem outro sangue, pois o assassínio clama pela Erínia, para que, em nome das primeiras vítimas, ela traga nova vingança sobre a vingança (*Agam.* 400-404).

Após degolar a mãe junto ao cadáver do amante, Orestes se justifica em nome da justiça do "guénos" e da ordem expressa de Apolo:

Orestes – Mas, enquanto sou ainda dono de minha razão, proclamo a todos os meus: sim, matei minha mãe com todo o direito, pois ela assassinou meu pai; toda manchada, era odiada pelos deuses. E grito bem alto: o filtro que estimulou minha coragem foi o profeta de Pito, Lóxias... (*Agam.* 1026-1030).

A advertência da rainha, ao ser arrastada para a morte,

Clitemnestra – Olha, cuidado com as cadelas furiosas de uma mãe! (*Agam.* 924)

vai realizar-se.

Orestes, todavia, defende o outro lado do direito:

Orestes – E as de um pai, como evitá-las, se agora recuo? (*Agam.* 925).

As Erínias, "as cadelas furiosas" de Clitemnestra, de fato, surgiram mais depressa do que Orestes esperava. São elas as vingadoras do sangue derramado por aqueles que são *sanguine coniunct*, até primos em primeiro grau.

Gabriel del Estal[5], em sua tese monumental sobre o direito grego antigo na Oréstia, explica a presença de Aleto, Tisífone e Megera no fecho das *Coéforas* e em todo o decorrer da terceira tragédia:

> Os deuses na Grécia, como em todo o velho mundo, durante essa época da teocracia universal, são os verdadeiros e únicos legisladores [...] O

---

5. DEL ESTAL, Gabriel. *La Orestiada y su Genio jurídico*. Madri: Biblioteca La ciudad de Dios, 1962, p. 58.

ius poli, direito divino, é aqui a única razão do *ius fori*, o direito humano. A justiça do céu e a justiça da terra, *polus e fórum*, confluem aqui em norma juridicamente indivisa.

Quanto a Clitemnestra, as Erínias, pelo *ius poli*, não podiam persegui-la, já que a mesma, em relação a Agamêmnon, não era *sanguine coniuncta*, não estava unida a ele por laços de sangue. Quando Apolo pergunta ao Corifeu das Erínias por que elas não perseguiram Clitemnestra, a resposta é imediata:

Corifeu – Seu crime não derramou o próprio sangue (*Eum.* 212).

Envolvido pelas Erínias, as tristes *Les Mouches* de Jean-Paul Sartre, Orestes dirige-se, como um alucinado, ao templo pítico de Apolo. O deus de Delfos, defensor da *díke*, da justiça da *polis*, em oposição a *thémis*, a antiga lei de talião, é bem explícito com Orestes:

Apolo – Não, jamais te atraiçoarei. Até o fim vigiarei sobre ti, a teu lado ou de longe [...] Agora vês, domadas pelo sono, as virgens malditas, as velhas filhas de um passado longínquo [...] Nasceram para o mal e habitam as sombras, das quais gosta esse mal, o Tártaro subterrâneo, odiado dos mortais e dos deuses olímpicos (*Eum.* 64-73).

O antagonismo é patente: de um lado, o *antigo passado*, o *ius poli*, a *thémis*, a lei de talião, são as trevas; de outro, como advogado de Orestes, Apolo encarna o direito novo, o *ius fori*, a *díke*, ou seja, a luz. Em suma, o direito dos deuses antigos, que habitam as trevas do Hades, está prestes a ser substituído pelo direito dos deuses novos, que habitam os píncaros inundados de luz do Olimpo. Num plano político – toda tragédia grega tem uma mensagem política, diz Kitto, o difícil é encontrá-la – as trevas da *tirania* pisistrátida haviam sido há pouco substituídas pelas luzes da *democracia*.

Voltemos, porém, à última tragédia da trilogia, *Eumênides*. Apolo, a luz, a *díke*, o *deus novus*, envia Orestes a Atenas, para ser julgado por um tribunal, o Areópago, cujo prestígio político e jurídico Ésquilo, no fecho da trilogia, deseja claramente restabelecer. Atená, a deusa-inteligência, presidirá ao grande júri, assessorada, ao que parece, por doze atenienses. Apolo, o deus-luz, será o advogado do réu; as Erínias, as deusas das trevas, serão as acusadoras de Orestes. Um grande debate se trava entre a luz (Apolo e Atená) e as trevas (Erínias). A votação dos juízes mortais terminou empatada. Coube, por isso mesmo, a Atená, o voto de desempate. Era o voto de Minerva, que nascia para todo o sempre. Orestes foi absolvido.

As Erínias, por intermédio de seu Corifeu, ameaçam destruir Atenas com uma peste:

Corifeu – Ah! Jovens deuses, pisais leis antigas e me arrancais o que tinha nas mãos. Eu, porém, humilhada e infeliz, farei sentir a esta terra o peso de minha cólera, ai! Meu veneno, meu veneno cruelmente me vingará. Vertendo-o de meu coração em gotas insuportáveis para esta cidade, transformá-lo-ei em peste, funesta às árvores, mortal às crianças (*Eum.* 808-814).

Atená, excelente diplomata, procura acalmar as Erínias:

Atená – Escutai-me. Não vos entregueis a tão pesados queixumes, porque não sois vencidas. A sentença saiu da urna com igual número de votos, para satisfazer à verdade, não para vos humilhar [...] Eu, sinceramente, vos prometo mansões e templos dignos de vós, onde, veneradas pelos cidadãos, sentareis em tronos brilhantes (*Eum.* 794-807).

A busca da conciliação é uma constante do teatro esquiliano. Apaziguadas as *Erínias*, as vingadoras transformam-se em *Eumênides*, eufemismo que significa as benevolentes, que é, como já se viu, o nome da terceira peça da trilogia.

As interferências do Coro no fecho das *Eumênides* são um hino de glória à cidade de Palas Atená, um epinício à paz e uma saudação à democracia ateniense.

O fecho da grande trilogia é realmente portentoso:

Coro – A paz para a prosperidade dos lares está hoje assegurada ao povo de Palas. Assim se conclui o acordo da Moira e de Zeus que tudo vê (*Eum.* 1044-1046).

Em conclusão: o drama reflete, no seu todo, a luta entre a maldição familiar, regulamentada pelo *ius poli*, isto é, o direito do *guénos*, e o novo direito que, sem negar a maldição familiar, estabelece novos cânones jurídicos através do *ius fori*, a *díke*, quer dizer, o direito humano, que passará doravante, através do Areópago, a legislar acerca dos crimes de sangue.

Com isso Ésquilo deseja prestigiar o velho tribunal, ao qual Dracon, em sua reforma, outros acham que foi Sólon, outorgou o direito de julgar os crimes de sangue, outrora entregues aos membros do *guénos*. Chamando a atenção dos espectadores para o Areópago, que, a partir de Péricles, perdera muito de sua força política, o poeta de Elêusis advoga a nova mentalidade jurídico-religiosa, que julga as ações humanas atendendo sempre à consciência e à culpabilidade individual e não è mera conexão externa dos fatos. Uma grande lição: humana, grega e muito ateniense. O lado político (estamos na democracia) da trilogia está presente nestas palavras de Atená, as quais sintetizam tudo quanto dissemos:

Atená – Escutai agora o que estabeleço, cidadãos de Atenas, que julgais a primeira causa de sangue. Doravante o povo de Egeu conservará este Conselho de Juízes, sempre renovado, nesta Colina de Ares. Nem anarquia, nem despotismo, é a regra que a meus cidadãos aconselho observarem com respeito.

. . . .

Se respeitardes, como convém, esta augusta instituição, tereis nela baluarte para o país e salvação para a cidade... Incorruptível, venerável, inflexível, tal é o tribunal que aqui instituo para vigiar, sempre acorda-do, sobre a cidade que dorme (*Eum.* 681-706).

Tentemos agora uma segunda leitura da *Oréstia*, partindo da tese de Bachofen. Alguns textos já citados terão que ser fatal-mente repetidos, uma vez que servem tanto para provar o princí-pio da maldição familiar quanto para a tese de Bachofen.

Johann Jakob Bachofen[6], suíço de língua alemã, em sua obra monumental, *Das Mutterrecht, O matriarcado*, estuda o matriar-cado como força político-social dentro da ginecocracia, isto é, do poder senhorial feminino. O matriarcado, assim concebido, resulta da maternidade tomada como um princípio, cujas con-sequências, amor, fraternidade, paz, igualdade e liberdade teriam determinado a vida de povos ginecocráticos, que se mantiveram, por longo tempo, fiéis a tal sistema. O fator mais importante que levou Bachofen a analisar a ginecocracia foi o caráter religioso da mulher e a consagração religiosa encontrada na maternidade. Para essa análise o autor apoia-se na história e, quando os fatos fogem ao domínio histórico, ele os supre com a análise mitológica. É o caso típico da *Oréstia*, que mereceu de Bachofen um estudo sério e minucioso. Realmente, no mito que serve de base à trilogia esquiliana, ao menos na concepção poética do vate de Elêusis, a luta entre o matriarcado e o patriarcado é nítida e insofismável.

Vamos seguir as pegadas do etnólogo suíço, apresentando uma síntese de sua teoria e tentando depois decodificar religiosa e politicamente os signos esquilianos.

Após anos de pesquisas, Bachofen concluiu que em épocas muito remotas as relações sexuais eram promíscuas e, por isso mesmo, só era indiscutível o parentesco matrilinear. Sabia-se

---

6. BACHOFEN, Johann Jakob. *Das Mutterrecht*. Frankfurt: Suhrkamp Taschenbuch, 1975, p. 138ss.

quem era a mãe, jamais o pai. Assim sendo, somente à mulher se podia atribuir a consanguinidade. Ela, unicamente ela, era a autoridade, a legisladora: governava tanto o grupo familiar, como a sociedade. Era a ginecocracia. Tal supremacia, consoante Bachofen, era expressa não apenas na esfera da organização social, mas também e sobretudo na religião. A religião olímpica, dos deuses de cima, Zeus, Apolo, Atená, fora precedida por uma outra, em que deusas, figuras maternas, eram as divindades de baixo, ctonianas: Deméter, Perséfone, Erínias... Supõe Bachofen que, através de um longo processo histórico, em que se passou do *heterismo* a uma fase intermediária, o *amazonismo*, e deste ao *demetrismo*, a ginecocracia foi derrotada pela androcracia: ao matriarcado substituiu o patriarcado. A mulher foi subjugada pelo homem, que se tornou o dominador em uma hierarquia social.

Com a vitória do patriarcado rompe-se a era do amor, do *éros* e instala-se o *lógos*, já que, como acentua Bachofen, uma das características mais acentuadas do matriarcado, alicerçado religiosamente nas deusas-mães, é o amor. O amor materno é o mais primitivo dos amores. Até os animais "amam" suas mães! O amor ao pai, por parte do homem, é um desenvolvimento posterior desse amor primitivo. Afinal, a maternidade é natural; e paternidade, mentalmente adquirida. Trata-se, pois, de uma aquisição recente! Ademais, a cultura matriarcal se caracteriza pela importância dada aos laços de sangue, vínculos estreitos com o solo, a Terra-mãe universal, e por aceitação passiva de todos os fenômenos naturais. O patriarcado, ao revés, se distingue pelo respeito à lei e à ordem; pelo predomínio do racional e pelo esforço para modificar os fenômenos naturais. Dentro de tais princípios, na sociedade matriarcal todos os homens são iguais, por isso que todos são irmãos; na patriarcal o que se postula é a obediência à autoridade e uma ordem hierárquica na sociedade. O matriarcado é o universalismo, o patriarcado é a limitação. A família matriarcal é aberta, porque é universal; a patriarcal é fechada, porque é individual. Numa predomina o caos, a natureza, a liberdade, o eros, o amor; na outra, a limitação, a hierarquia, a ordem, o *lógos*.

A mulher foi, pois, vencida e subjugada pelo homem, que se tornou o dominador numa hierarquia social. O sistema patriarcal assim estabelecido é caracterizado pela monogamia (pelo menos em relação à mulher!), pela autoridade incontestável do pai na família e pelo papel preponderante do homem numa sociedade hierarquicamente organizada. A religião dessa cultura patriarcal corria *pari passu* com essa nova organização social. Em lugar de deusas-mães ctonianas, ligadas à terra, deuses masculinos olímpicos, ligados ao céu, passaram a ser os senhores supremos do homem, tal qual o pai o era na família e o governante no Estado.

Essa interpretação brilhante de Bachofen, da sociedade primitiva, foi aplicada com mais brilhantismo ainda à análise que o grande etnólogo fez da *Oréstia* de Ésquilo, que, segundo ele, é a representação simbólica de uma luta entre as deusas-mães ctonianas e os deuses "novos" do Olimpo. Um combate dialético entre a terra e o céu, entre o Hades e o Olimpo, entre as Erínias e Apolo, coadjuvado por Atená, entre as trevas e a luz. Entre o *Éros* e o *Lógos*.

Na primeira peça da trilogia, *Agamêmnon*, Clitemnestra profundamente abalada com a morte por Agamêmnon, seu esposo, da filha do casal, Ifigênia, une-se ao primo e mortal inimigo do marido, Egisto. Clitemnestra matou o esposo Agamêmnon, para vingar *seu próprio sangue derramado*, o sangue materno, na pessoa de *sua filha* Ifigênia.

De acordo com os princípios do matriarcado, a rainha agiu dentro da lei e da justiça. É o que ela diz ao Coro:

Clitemnestra – Queres ouvir o decreto de meus juramentos? Não, pela justiça, que vingou minha filha, por Áte e por Erínia, às quais imolei este homem... (*Agam.* 1431-1433).

E mais adiante:

Clitemnestra – Não creio indigna a sua morte. Não foi ele quem hospedou em sua casa a morte pérfida? A minha filha, a filha que tive deste homem, minha Ifigênia tão chorada – a sorte que lhe deu bem merecia a sorte que sofreu ele mesmo. Que ele não se vanglorie, pois, no Hades: pagou com a morte da espada os crimes que cometeu, primeiro (*Agam.* 1521-1529),

O assassinato de Agamêmnon por Clitemnestra, do ponto de vista patriarcal, é um crime abominável, mercê da posição superior do homem; do ponto de vista do matriarcado, é considerado diversamente: Clitemnestra não estava ligada ao marido pelo *ius sanguinis*. O assassinato de um marido não interessa portanto às Erínias, para as quais só têm importância os vínculos de sangue e a santidade materna. Eis por que Clitemnestra não é perseguida por elas.

Voltemos aos textos, onde se acentua a importância jurídica e religiosa do homem:

Coro – Quando se trata de um pai, a quem se deve a vida, a lamentação dos filhos o persegue, irresistível, com um impulso amplo e esmagador (*Coéf.* 329-331).

E novamente, lembrando "o monstruoso crime" da Ilha de Lemnos, quando as Lemníades assassinaram todos os maridos, o Coro excita Orestes à vingança, já que "um esposo" foi morto:

Coro – Já que recordamos essas tristes façanhas, não seria o momento para este palácio vituperar também a esposa abominável, a pérfida traição que um coração de mulher tramou contra o esposo guerreiro?... Entre os crimes que se contam, o de Lemnos ocupa lugar relevante. Os povos o amaldiçoam com horror. As piores monstruosidades são ainda chamadas de lêmnias... (*Coéf.* 623-634).

Orestes, matando Clitemnestra, julga estar em seu direito, já que a mesma lhe assassinara o pai:

Orestes – Assim o Sol testemunhará por mim que eu estava no meu direito, ao matar minha mãe. Não falo da morte de Egisto. Ele tem, segundo a lei, o castigo do adultério. Mas, aquela que concebeu tão horrendo crime contra o esposo de quem trouxe os filhos no seio – fardo de amor, outrora, de ódio, hoje – que vos parece? (*Coéf.* 986-994).

E um pouco mais adiante, pai e mãe formam a grande antítese:

Orestes – Sim, matei minha mãe com todo o direito, porque ela assassinou meu pai: toda manchada, era odiada pelos deuses (*Coéf.* 1027-1028).

As razões do direito patriarcal, no entanto, são bem mais claras na terceira peça da trilogia, *Eumênides*, eufemismo conciliatório de Ésquilo, como já se frisou. Nesta, por ordem expressa de Apolo, Orestes, unido ao Coro e à sua irmã Electra, ambos defensores confessos do patriarcado, mata sua mãe Clitemnestra. A discussão gira em torno dos princípios da religião patriarcal e matriarcal, respectivamente. Para a cultura matriarcal só existe um laço sagrado, o de mãe-filho e, por conseguinte, matricídio é crime imperdoável; para o patriarcado, ao contrário, o amor e respeito do filho pelo pai é o dever supremo, donde o parricídio é o crime máximo.

Assassinada Clitemnestra, Orestes, envolvido pelas Erínias, vingadoras do matriarcado, foge para Delfos, o "umbigo do mundo", onde se localiza o templo de Apolo, protetor inconteste do patriarcado, que servirá de advogado do matricida, juntamente com Atená, a deusa – luz, por excelência.

Nesta terceira peça, que serve de fecho à trilogia, a discussão passa do plano humano para o divino; será uma luta de deuses.

De um lado, o patriarcado, Apolo e Atená; de outro, o matriarca-do, as Erínias. Na acusação e defesa, o que se invoca é simples: as Erínias, representantes da Terra e, portanto, das antigas deusas--mães, perseguem Orestes e exigem sua punição, enquanto Apolo e Atená (esta não nascida de mulher), *dei novi*, deuses novos, representantes da nova religião patriarcal, olímpica, ficam do lado do réu.

O diálogo entre o Corifeu das Erínias e Orestes é instrutivo a esse respeito:

Corifeu – Foi o adivinho (Apolo) quem te ordenou o matricídio?

Orestes – Nem agora, nem nunca lamentarei minha sorte.

Corifeu – Quando a sentença te atingir, falarás de outro modo.

Orestes – Tenho confiança: meu pai me mandará auxílio de seu túmulo.

Corifeu – Confias nos mortos, tu que mataste tua mãe?

Orestes – Estava manchada por dois crimes.

Corifeu – Como? Informa os juízes.

Orestes – Matando o esposo, matou meu pai.

Corifeu – Mas tu vives, ao passo que ela, com a morte, já expiou seu crime.

Orestes – Será que, enquanto ela vivia, a perseguiste?

Corifeu – Não, porque não era do sangue da vítima.

Orestes – E eu seria, por acaso, do sangue de minha mãe?

Corifeu – Que pergunta! Não foi ela, assassino, quem te alimentou em seu seio? Renegas o dulcíssimo sangue materno? (*Eum.* 595-608).

O diálogo é claro. O assassínio de Clitemnestra foi ordenado por Apolo, deus patriarcal. Orestes matou a mãe em nome dessa mesma ideia. As Erínias não perseguiram a rainha, porque esta, ao matar Agamêmnon, seu esposo, não derramou o próprio sangue.

Mas a grande surpresa é a pergunta irônica de Orestes: "E eu seria, por acaso, do sangue de minha mãe?" A esta pergunta as Erínias respondem com outra: "Não foi ela, assassino, quem te alimentou em seu seio? Renegas o dulcíssimo sangue materno?"

Aqui estão configurados os dois direitos antagônicos: para o matriarcado o pai, seja ele qual for, deposita a semente no seio da mulher, como o lavrador anônimo a coloca no seio da terra; para o patriarcado, a mãe, como a terra, é apenas a depositária do germe semeado: o grande responsável pela germinação é o pai. É exatamente isto que diz Apolo com sua intervenção em defesa de Orestes: a mãe não gera, apenas alimenta o germe nela semeado. A mãe é apenas a forma, a matriz, fria e passiva.

Ouçamos o deus Pítio:

Apolo – Vou te responder e verás se não tenho razão. Não é a mãe quem gera aquele que é chamado seu filho: ela somente alimenta o germe nela semeado. Gera quem semeia. Ela, como uma estranha, salvaguarda o rebento, se um deus não vem a prejudicá-lo. Vou te dar uma prova de que pode haver pai sem mãe. Temos aqui, perto de nós, a esse respeito, uma testemunha: a filha de Zeus Olímpico, a qual não foi formada nas sombras de um seio materno (*Eum.* 657-665).

Eis aí o argumento supremo do patriarcado!

Através de semelhante testemunho Apolo torna válido apenas o direito da fecundação, assim como as Erínias somente reconhecem o direito do sangue e da matéria que o filho recebe de sua mãe.

Um direito novo está surgindo para derrocar uma lei muito antiga:

Corifeu – Tu, jovem deus, esmagas nossa velhice, mas aguardo a sentença e contenho até lá minha cólera contra a cidade (*Eum.* 731-733).

Os juízes, esclarecidos sobre ambos os princípios, são convidados por Atená para a grande decisão. Vai começar a votação. A deusa da inteligência, que também vai usar do direito de sufrágio, faz declaração de voto, colocando-se inteiramente do lado do patriarcado. A derrota das Erínias, quer dizer, do matriarcado, é declarada por antecipação:

Atená – É a mim que pertence a última decisão: juntarei meu sufrágio aos que são a favor de Orestes. Não tive mãe que me desse à luz. Minha simpatia vai para o varão – pelo menos até o casamento. Sou inteiramente pelo pai. Não levarei em conta a morte de uma mulher que matou o esposo, guardião de seu lar. Basta para a absolvição de Orestes que os votos se contrabalancem (*Eum.* 734-741).

É diante da ansiedade de Orestes, de Apolo e das Erínias que a filha das meninges de Zeus proclama o resultado histórico:

Atená – Este homem está absolvido do crime de assassínio, porque o número de votos é igual dos dois lados (*Eum.* 752-753).

Assim o pai, o guardião do lar, e não a mãe, tem a prioridade do direito que procede de Zeus, o pai de ambos, Apolo e Atená. São os novos deuses com novas leis.

O voto de minerva lançou por terra a vetusta instituição do matriarcado. Os "novos deuses" instituem, em definitivo, o sistema patriarcal. As Erínias, inconformadas com a decisão do Areópago, primeiro criticam os deuses novos e depois fazem uma ameaça terrível:

Coro – Ah! jovens deuses, pisais leis antigas e me arrancais o que tinha nas mãos! Eu, porém, humilhada e infeliz, farei sentir a esta terra o peso de minha cólera, ai! Meu veneno, meu veneno, cruelmente me vingará. Vertendo-o de meu coração em gotas insuportáveis para esta cidade, transformá-lo-ei em peste, funesta às árvores, mortal às crianças (*Eum.* 778-785).

Esta ameaça das Erínias de "tornar a terra estéril, vomitando contra ela uma espuma selvagem, roedora de germes", como diz Atená, é muito séria. As Erínias, que habitam as entranhas da terra, são as forças geradoras dessa mesma terra. Nas escuras profundezas da matéria, elas, as filhas da Noite, dão origem a toda espécie de vida. Tudo quanto a terra produz e germina é dádiva sua. São as responsáveis pelo alimento dos homens e pelo fruto que germina no ventre materno. Irritem-se elas e tudo se arruinará. Desse modo, as Erínias, como a terra a que pertencem, são as detentoras da vida e da morte. O "ser" material telúrico envolve tanto a vida quanto a morte. Todas as personificações das forças ctonianas da terra reúnem em si essas duas facetas, o nascer e o morrer. Os dois pontos finais, entre os quais, para falar com Platão, move-se a trajetória de todas as coisas.

Com qualquer matricídio, as próprias filhas da Noite são feridas, já que, em termos de matriarcado, as Erínias são a própria Terra, a deusa-mãe universal, cuja projeção neste mundo é a mãe humana. Quem derrama sangue materno, ofende e viola o direito da Terra-mãe. Por isso mesmo diz o Corifeu das *Coéforas*:

> *Corifeu* – É uma lei que as gotas do sangue derramado na terra exigem outro sangue, pois o assassínio clama pela Erínia, para que, em nome das primeiras vítimas, ela traga nova vingança sobre a vingança (*Coéf.* 400-404)

É esse o motivo por que a própria terra, cuja hipóstase são as Erínias, levanta-se para vingar o direito materno ultrajado. Com o matricídio atinge-se profundamente a terra, abala-se a ordem das coisas e ultraja-se o direito da natureza.

Na morte, a mãe assassinada volta à terra; a mãe humana une-se à mãe divina e à alma da terra, à qual pertence e a qual representa. O *revertere ad locum tuum* tem raízes muito profundas...

Nas *Coéforas*, Clitemnestra transforma-se em Deméter-Erínia. Orestes vê as Erínias de sua mãe, aliás uma visão antecipada pela própria rainha que ameaçou o filho com "as cadelas furiosas de uma mãe". Cadelas são as Erínias e estas são a própria rainha assassinada, como diz o filho matricida:

Orestes – Não são fantasmas que me atormentam. Está claro: são elas, as cadelas furiosas de minha mãe (*Coéf.* 1053-1054).

A mãe mortal uniu-se definitivamente à mãe-Terra imortal. Na morte, Clitemnestra transformou-se em Deméter-Erínia. Na verdade, todos os mortos transformam-se em Deméter.

Diz-se de todos os mortos que eles serão *Manes*, bons, exatamente porque se reunirão com o bom *daímon* telúrico.

Em se tratando de uma mãe, isso tem um sentido muito especial, já que em vida ela representa a própria Terra-mãe, tomando seu lugar na criação universal. Esta união íntima é que põe a Terra-mãe (as Erínias) em grande agitação, quando se comete um matricídio.

Qualquer assassino pode ser julgado pela justiça humana ou até mesmo evitá-la, mas o matricida terá que ser entregue à Terra vingadora, porque violou a lei básica da matéria e a ordem da natureza telúrica, devendo, por isso mesmo, restabelecê-la com a própria morte.

O matricida pertence à terra. Nenhum tribunal poderá colocar-se entre os dois; nenhum julgamento poderá confirmar ou negar esse direito.

Orestes, abraçado à estátua da deusa Atená, no Areópago, não tem, consoante a jurisprudência erínica, direito a julgamento.

Coro – Ah! Ainda uma vez achou socorro! Abraçando a estátua de uma deusa imortal, quer ser julgado pelo ato de suas mãos. Impossível o julgamento! Uma vez derramado o sangue materno, é difícil, ai!

fazê-lo voltar às veias. Perdeu-se, para sempre, o líquido derramado por terra (*Eum.* 257-263).

Destarte, enquanto o matricida não for punido com a morte, a terra, ferida em sua fertilidade, não produzirá frutos, nem cumprirá seu destino material.

Eis aí o motivo por que a sábia deusa Atená procura a todo custo apaziguar as Erínias, entregando-lhes, até mesmo, como honraria suprema, a proteção de sua cidade, Atenas. Irremediavelmente derrotadas, mas ávidas de homenagens e de glórias, como se expressam elas próprias, as Erínias, agora Eumênides, as Benevolentes, tornar-se-ão a bênção e a dádiva suprema da cidade de Palas Atená. Ouçamos o Coro das Benevolentes; isto é, das Eumênides:

Coro – Eis a minha dádiva: não soprarão ventos perniciosos contra vossas árvores; nem passarão para aquém de vossas fronteiras os calores destruidores dos tenros rebentos das plantas, nem grassarão as terríveis pragas que esterilizam os campos; a terra alimentará lindas ovelhas com duas crias no tempo devido e o rico filão do subsolo para sempre honrará a esplêndida dádiva dos deuses (*Eum.* 937-948).

Recomposta a ordem telúrica, passamos novamente da carência à plenitude.

Ésquilo, como sempre, busca a conciliação: o *ius erinnycum* fundiu-se com o *ius olympicum*. O matriarcado foi irremediavelmente vencido, mas as *Eumênides* permanecerão em Atenas, num bosque, perto do bairro de Colono, para proteger contra todas as calamidades a cidade que "Ares e Zeus onipotentes honram como a cidadela dos deuses e esplêndido baluarte dos santos altares da Grécia". Santos altares, sim, pois que havia até mesmo um ao Deus Desconhecido. Ao Deus que Paulo foi especialmente anunciar aos Atenienses.

Em nenhuma obra histórica surge com tanta clareza, como na *Oréstia*, a visão de um período tão antigo, que Ésquilo, jogando maravilhosamente com a técnica do afastamento, fez reviver no século V a.C.

Se está correta a tese de Johann Jakob Bachofen, nesta monumental trilogia esquiliana, o triunfo foi da *dike* sobre *thémis*. E ao Éros venceu o Lógos.

3
SÓFOCLES

3.1 A maldição dos labdácidas: Conceito de *guénos* e de maldição familiar

Guénos pode ser definido em termos de religião e de direito grego como *personae sanguine coniunctae*, isto é, pessoas ligadas por laços de sangue. Assim, qualquer crime, qualquer *hamartía* cometidos por um *guénos* contra o outro tem que ser religiosa e obrigatoriamente vingados. Se a falta é dentro do próprio *guénos*, o parente mais próximo está igualmente obrigado a vingar o seu *sanguine coniunctus*. Afinal, no sangue derramado está uma parcela do *sangue* e, por conseguinte, da *alma* do *guénos* inteiro. Foi assim que, *historicamente falando*, até a reforma jurídica de Dracon ou de Sólon, famílias inteiras se exterminavam na Hélade.

É mister, isto sim, distinguir dois tipos de vingança, quando a falta é cometida dentro de um mesmo *guénos*: a ordinária, que se efetua entre os membros, cujo parentesco é apenas *em profano*, mas ligados entre si por vínculos de obediência ao γεννήτης, *guennétes*, ao chefe gentílico, e a extraordinária, quando a falta cometida implica parentesco sagrado, erínico, de fé – é a falta cometida entre pais, filhos, netos, por linha troncal, e entre esposos, cunhados, sobrinhos e tios não são parentes "em sagrado" mas "em profano", ou antes os homens. No primeiro caso a vingança é executada pelo parente mais próximo da vítima e no segundo pelas Erínias.

A essa ideia do direito do *guénos* está indissoluvelmente ligada a crença na maldição familiar, a saber: qualquer *hamartía* cometida por um membro do *guénos* recai sobre o *guénos* inteiro, isto é, sobre todos os parentes e seus descendentes "em sagrado" ou em "profano". Esta crença na transmissão da falta, na solidariedade familiar e na hereditariedade do castigo é uma das mais enraizadas no espírito dos homens, pois que a encontramos desde a Antiguidade até os tempos modernos, sob aspectos e nomes diversos, como nos ensina Michel Berveiller[7]. Seria preciso ver nisso *a transposição para o plano espiritual e moral dessa lei da hereditaried*ade, que se pode constatar no mundo físico, dessa transmissão de *uma geração para outra, das características biológicas e especialment*e *das doenças, das taras* – coisa já por si tão misteriosa e tão própria para nos dar a ideia de uma injustiça metafísica?

De outro lado, é bom lembrar que o que distingue o homem *de lá* do homem *de cá é o viver coletivo do viver individual.*

O fato é que já encontramos tal crença no *Rig Veda*, o livro sagrado da Índia Antiga, onde se lê esta oração: "Afasta de nós a falta paterna e apaga também aquela que nós próprios cometemos".

A mesma ideia era plenamente aceita pelos judeus, como demonstram várias passagens do *Antigo Testamento*: Êxodo 20,5: "Eu sou o Senhor, teu Deus, um Deus zeloso, que vingo a iniquidade dos pais nos filhos, nos netos e bisnetos daqueles que me odeiam".

Levítico 26,39: "Os que sobreviverem, consumir-se-ão, por causa das suas iniquidades, na terra de seus inimigos e serão

---

7. BERVEILLER, Michel. *A tradição religiosa na tragédia grega.* São Paulo: Companhia Editora Nacional, 1935.

também consumidos por causa das iniquidades de seus pais, que levarão sobre si".

Gênesis 9,6: "Todo aquele que derramar o sangue humano terá o seu próprio sangue derramado pelo homem, porque Deus fez o homem à sua imagem".

E ainda: Dt 5,9; Nm 14,18; Ex 34,7 etc.

3.2 A maldição dos labdácidas

Labdácida é uma designação generalizante dos ancestrais de Édipo, pelo fato de *Laio*, pai de Édipo, ser filho de *Lábdaco*, rei de Tebas, e neto de Cadmo, fundador lendário da cidade. Na realidade a maldição dos Labdácidas se inicia com *Laio*.

Consoante a lenda, quando Lábdaco morreu, Laio era muito jovem e, dessa maneira, a regência foi entregue a um seu parente, Lico. Este foi assassinado por Zeto e Anfião, que se apoderaram do reino de Tebas. Laio fugiu para a corte de Pélops, na Élida. Observe-se, de passagem, que também Pélops é um grande amaldiçoado dos deuses, por causa dos crimes de seu pai Tântalo, a que se somaram os cometidos pelo próprio Pélops... Na corte de Pélops, Laio, esquecendo a sacracidade da hospitalidade de que lhe fora concedida, deixou-se dominar por uma amizade "contra naturam" por Crisipo, filho do rei. Raptou o jovem príncipe, inaugurando, destarte, na Grécia, ao menos mitologicamente, a tão tristemente célebre pederastia. Amaldiçoado por Pélops, Laio, após a morte de Anfião e Zeto, foi feito rei de Tebas, casando-se com Epicasta, como lhe chama Homero, ou Jocasta, segundo os trágicos.

Como o casal não tivesse filhos, o que constituía uma grande catástrofe religiosa, a par da social e política, Laio e Jocasta consultaram o Oráculo de Delfos, cuja resposta foi terrível: se deles nascesse um filho, este mataria o pai e desposaria a mãe. Um ano depois nasceu um menino. Temendo a profecia de Delfos, os reis de Tebas entregaram-no a um pastor, para que o matasse. Este atou-o pelos tornozelos a uma árvore, no Monte Citerão. Apiedado, todavia, da criança, o pastor tebano acabou por entregá-la a um seu colega de Corinto, cujos reis Pólibo e Mérope também não tinham filhos. Os soberanos de Corinto criaram e educaram o menino, como se fora seu filho, tendo-lhe dado o nome de *Édipo*, que quer dizer *pés inchados*, em consequência da inflamação provocada pelas cordas que o prendiam à árvore. Com vinte e um anos, ouvindo dizer que não era filho legítimo dos reis de Corinto, foi consultar o Oráculo de Delfos. A resposta do Oráculo foi a mesma de vinte e dois anos atrás: "matarás teu pai e desposarás tua mãe". Édipo não mais volta a Corinto, mas toma o caminho de Tebas...

Tebas estava assolada por uma peste: uma *Esfinge*, postada à entrada da cidade, devorava quantos não lhe respondiam a um "enigma" proposto. Laio saíra de Tebas para consultar o Oráculo de Delfos, Édipo vinha do mesmo Oráculo para Tebas... Encontraram-se os dois e, por "motivos religiosos", em rápida luta, Édipo mata Laio e sua comitiva... Vacante o trono de Tebas, é este oferecido com a mão de Jocasta a quem livrasse a cidade da Esfinge. Édipo nada mais tem a perder: tenta decifrar o enigma e facilmente o consegue. Recebe o trono e toma a Rainha Jocasta por esposa. Desta união nascem quatro filhos: *Etéocles, Polinice, Antígona e Ismene*.

Nova peste assola a cidade de Tebas: as sementes não mais germinam no seio da terra. O povo vem súplice pedir a Édipo, que outrora livrara a cidade da Esfinge, que o salve também agora. Neste ponto se inicia *Édipo Rei*.

3.3 Édipo Rei

Prólogo – *Édipo* não sabe o motivo por que tão grande multidão se reúne diante de seu palácio real. Explica-lhe o sacerdote que a cidade "jaz numa inundação mortal": "a peste" devasta-lhe as entranhas. *Édipo*, moço e autossuficiente, apresenta-se como *salvador*: já tomara a única providência cabível – enviara seu cunhado Creonte ao Oráculo de Delfos. De lá viria a solução. Sófocles é muito hábil. Seu drama se passa em dois planos: no do *ator* e naquele do *espectador*.

Retorna Creonte: o Oráculo ordena a expulsão do *ser imundo*, que vive em Tebas... é o assassino de Laio.

Édipo promete agir imediatamente! É a ironia trágica, tão a gosto de Sófocles.

Párodo – O coro pede o fim do grande flagelo.

Primeiro episódio – Édipo age: *amaldiçoa* o ser imundo e que a maldição caia sobre ele *Édipo*, caso seja o assassino... e, a conselho de seu cunhado Creonte, manda chamar o adivinho Tirésias. Este diz saber quem é o assassino de Laio, jamais, porém, o dirá. Édipo irritado acusa Tirésias de trair a cidade. O adivinho cego revela então a verdade: Édipo é não só o assassino de Laio, mas também o esposo da própria mãe!

Primeiro estásimo – O coro flutua indeciso, pois que Édipo também é sábio. Em verdade, só os deuses veem e sabem tudo.

Segundo episódio – Édipo, na sua cólera contra Tirésias, acusara-o de tramar com Creonte apoderar-se do trono de Tebas. Com efeito, Édipo sente-se um pouco inseguro: afinal, ele é um adventício e não é em vão que a tragédia em grego se intitula *Oidipus Tyrannos*, quer dizer: Édipo Rei (mas um *rei* sem ligação consanguínea com Laio e Jocasta...).

Aliás, toda aquela autossuficiência e presteza de Édipo em ser, pela segunda vez, o salvador da cidade, é uma busca de afirmação.

Creonte discute violentamente com Édipo, que, acusando-o novamente de estar urdindo com o cego Tirésias um golpe de estado, expulsa-o de Tebas.

O coro anuncia a chegada de Jocasta, que procura chamar seu irmão e seu esposo à razão. Mais: as revelações de Tirésias, diz Jocasta, são de todo infundadas, pois que nenhum mortal poderá prever o futuro. Outrora, continua a rainha, um oráculo predissera que, se dela e Laio nascesse um filho, ele mataria o pai e se casaria com a própria mãe... e Laio fora morto por salteadores... Quanto ao filho, fora exposto no Monte Citerão. Oráculos e adivinhos tudo ignoram!

Mas Jocasta dissera que Laio tinha sido assassinado num trívio e, interrogado por Édipo, responde que o fato se passara pouco antes de sua chegada a Tebas e mais: Laio tinha os mesmos traços que ele, Édipo! O único servo da comitiva de Laio, que escapara à morte no trívio, é mandado chamar por ordem de Édipo.

Segundo estásimo – O coro faz a apologia da religião e lamenta que esta esteja desacreditada: clara referência às ideias dos sofistas que no trono da religião haviam colocado, a seu modo, a deusa *Razão*!

Terceiro episódio – O tempestuoso céu de Tebas desanuvia-se repentinamente: chega um mensageiro de Corinto para anunciar a morte de Pólibo e a escolha de Édipo para rei do Istmo: se Édipo foi proclamado rei, ele é filho dos reis de Corinto! É isto que Aristóteles, na Poética, chama *peripécia*, quer dizer, a passagem de um estado ao estado contrário.

Jocasta jubilosa reafirma sua incredulidade em oráculos e advinhos. Édipo, no entanto, tem receio de voltar a Corinto: Mérope, esposa de Pólibo, ainda vive e pode ser *mãe* dele, Édipo!

O mensageiro, desejando tranquilizar o rei, conta-lhe a história: ele, hoje mensageiro, foi o pastor que o salvou da morte no Monte Citerão. Édipo não é filho dos reis de Corinto!

Jocasta retira-se de cena: tudo está demasiadamente claro... Pelo menos para ela!

Terceiro estásimo – O coro reafirma sua fé e fidelidade aos oráculos.

Quarto episódio – Chega o servo que escapara à morte no trívio. Édipo fora por ele levado ao Citerão e compadecido entregara o recém-nascido ao pastor de Corinto. Mais: Édipo matara a Laio no trívio. A isto chama Aristóteles *reconhecimento,* isto é, a personagem se encontra!

Quarto estásimo – O coro mostra como o destino é caprichoso com os poderosos! O fado sempre age de cima para baixo.

Êxodo – Um arauto anuncia o suicídio de Jocasta. Édipo precipita-se nos aposentos da rainha e, arrancando-lhe das vestes um broche de ouro, com ele vaza os próprios olhos.

Édipo só tem um pedido a fazer a seu tio e cunhado Creonte: que lhe permita abraçar, pela última vez, *suas filhas e irmãs.*

O *coro final* da peça é uma grande lição, lição muito repetida e meditada pelos gregos:

"Ninguém se considere feliz, se ainda não andou todo o caminho da vida, sem ter sofrido".

"Sofrer para compreender", já dissera Ésquilo em sua majestosa *Oréstia*...

Eis aí, juntamente com a estrutura da peça, o início do funcionamento da máquina infernal da maldição familiar que esmagou Édipo e esmagará seus filhos!

3.4 O teatro de Sófocles: Moira e concausância. Freud e Bachofen: duas teses

Se Ésquilo concebeu seu teatro como a representação profundamente religiosa de um evento lendário, Sófocles fez de sua tragédia o desenvolvimento normal de uma vontade e de um caráter numa situação determinada. Ésquilo, já que seu teatro é uma teomorfização e suas personagens são antes *héroes*, mais gigantes que seres humanos, elaborou seu drama como uma luta desesperada entre as trevas e a luz, entre a agonia e o terror, entre Apolo e as Erínias, entre o Hades e o Olimpo.

Sendo a Moira, e não o homem, a medida de todas as coisas, na tragédia esquiliana o homem não passa, como diria Píndaro, de "um sonho de uma sombra". Manipulando uma religião até o momento intocável, o poeta da Oréstia fez que a liberdade fosse substituída pelo seu contrário, a fatalidade.

Em Sófocles, ao revés, o teatro é essencialmente antropocêntrico e teosférico, quer dizer, o herói é dotado de vontade, de uma vontade livre para agir pouco importa quais sejam as consequências, e os deuses agem, mas sua atuação é à distância, por meio de adivinhos e de oráculos: Tirésias e o Oráculo de Delfos têm sempre um encontro marcado com os heróis de Sófocles. À época do cantor de Édipo – o poeta de Antígona é mais jovem que Ésquilo cerca de trinta anos – à época de Sófocles, repetimos, o espírito de Maratona e de Salamina transformara-se em mito e novas aspirações intelectuais tentaram substituir ou ao menos enfraquecer, quando não minimizar, a importância dos deuses frente à vontade e à consciência humana. Sófocles é da época em que a crença na *polis*, isto é, no coletivo, foi substituída pela fé no individual, no homem. É que o "*lógos*" nas mãos do grande Sócrates há de erguer-se como um farol para iluminar o indivíduo. Eis aí o motivo por que, se o teatro de Ésquilo é uma catástrofe inevitável, gerada pela *hybris*, pela *démesure*, nele só se podem julgar os fatos. No teatro de Sófocles, ao contrário, desde o momento em que se entronizou o *lógos*, a razão, a vontade humana, só se podem julgar os atos. Por isso mesmo, em Ésquilo importa o fazer, em Sófocles, o agir. O teatro de Ésquilo é de fora para dentro, o de seu grande êmulo é de dentro para fora. Desse modo, no poeta de *Édipo Rei*, a bitola teatral é a progressão interna: seu teatro é um drama de *krísis*, de "uma escolha" e sobretudo um drama de concausância, isto é, suas personagens agem livremente, para que seu destino inelutável se cumpra plena e integralmente. Por isso mesmo, em *Édipo Rei*, o papel do destino termina no momento em que a peça se inicia. É que, enquanto Ésquilo elabora suas personagens em função da fábula, Sófocles elabora a fábula em função das personagens, de modo especial da personagem central, o *protagonistés*. Teatro de ação complexa, em que a peripécia deságua fatalmente na *anagnórisis* e esta na *katastrophé*, a saber, no "desabamento" do herói.

Aristóteles viu com seus olhos de gênio que Sófocles era realmente o príncipe dos poetas dramáticos da Hélade, e Édipo Rei a mais perfeita das tragédias gregas.

Poderíamos analisar a tragédia preferida de Aristóteles sob vários enfoques: antropocêntrica ou teosfericamente; à luz da vontade do homem ou da atuação distante da Moira; do ponto de vista da *krísis* e da concausância. Sob o aspecto da peripécia, da *anagnórisis* e da *katastrophé*. Poderíamos também focalizá-la sob o ângulo do poder e do saber, aplicando-lhe as práticas judiciárias gregas, como o fez Michel Foucault[8] em memorável conferência pronunciada na PUC, em 1974, sob o título geral de *A verdade e as formas jurídicas*. Preferimos, no entanto, outra abordagem. O mito está na ordem do dia. C.G. Jung, Sigmund Freud e Johann Jakob Bachofen, mais que nunca, voltaram à tona, para ser em discutidos e analisados, endeusados e contestados.

Daremos, por conseguinte, à maior das tragédias gregas o enfoque antropológico de Bachofen em oposição ao célebre *Complexo de Édipo*, de Sigmund Freud.

---

8. FOUCAULT, Michel. *A verdade e as formas jurídicas*. Rio de Janeiro: PUC, 1974.

O mito de Édipo, como consequência da maldição familiar, já foi exaustivamente narrado, inclusive no seu desdobramento na tragédia. Vamos nos ocupar agora da análise, dentro dos postulados de Freud e Bachofen.

Sigmund Freud estaria com a razão, quando concluiu que o mito de Édipo confirma sua opinião de que os impulsos incestuosos e o consequente ódio contra o pai-rival são encontrados em qualquer criança do sexo masculino? Com efeito, o mito, à primeira vista, parece confirmar a teoria freudiana do *Complexo de Édipo*, que, com muita justiça, traz o nome do sábio austríaco. Ouçamos primeiramente a Freud[9], que assim se expressa:

> Deve haver uma voz em nosso íntimo preparada para admitir o poder arrebatador do destino em Édipo [...] E há, de fato, um motivo na história de Édipo que explica o veredicto dessa voz interior. Seu destino nos emociona tão somente porque poderia ter sido o nosso próprio, porque o oráculo nos fez, ao nascermos, a mesma maldição que caiu sobre ele. Pode ser que todos estejamos fadados a dirigir nossos primeiros impulsos de ódio e violência para nossos pais e nossos primeiros impulsos sexuais para nossas mães; os sonhos convencem-nos disso. Édipo, que matou seu pai Laio e se casou com a mãe Jocasta, não é nada mais nada menos do que a realização do desejo de nossa infância.

Até aqui Freud. Se quiséssemos, poderíamos ajudar os que defendem a teoria freudiana, mostrando-lhes uma passagem no Édipo, certamente muito importante. Trata-se dos versos 980-983, em que Jocasta, numa claríssima ironia trágica de Sófocles (Sófocles é, como o divino Homero, um mestre na arte de preparar e antecipar

---

9. FREUD, Sigmund. *The Interpretation of Dreams*. Nova York: The Modern Library, 1938, p. 308.

os acontecimentos) diz a Édipo que muitos já dormiram com suas mães em sonhos. Eis o texto:

Jocasta – Não temas cometer incesto com tua mãe: quantos mortais já compartilharam em sonhos do leito materno...

Deixemos, todavia, Freud em paz, pelo menos por enquanto, e vamos à teoria de Bachofen, que dá à tragédia em pauta uma interpretação totalmente diversa.

Uma síntese da teoria de Bachofen já foi por nós exposta e seus princípios básicos aplicados à *Oréstia* de Ésquilo. Vamos tentar empregar agora esses mesmos dados na análise da maior das tragédias gregas, *Édipo Rei*, sem contudo desligá-la de *Antígona e Édipo em Colono*, que constituem, na realidade, uma trilogia, apenas desvinculada no tempo, como explicaremos depois.

Não há dúvida, como procuraremos demonstrar, tendo por guias a Bachofen e Erich Fromm[10], de que o antagonismo e a hostilidade entre *pai e filho*, que são a grande constante da trilogia sofocleana, devem ser compreendidos como uma investida da derrotada ordem matriarcal contra a vitoriosa sociedade patriarcal. Personagens claramente ligadas às deusas-mães ctonianas, lugares a estas consagrados, como o santuário de Deméter na cidade beócia de Eteono, onde havia também um santuário consagrado a Édipo, o templo da mesma Deméter e o bosque sagrado das Erínias em Colono, onde, por sinal, Édipo desaparecerá; a caverna aonde Antígona foi lançada viva, a figura da Esfinge em *Édipo Rei*, além da parte mais importante, os textos das três tragédias supracitadas, tudo nos leva à teoria de Bachofen.

Antes porém de se aplicar a teoria de Bachofen ao *Édipo Rei* de Sófocles é necessário que se abra um parêntese. Não se pode

---

10. FROMM, Erich. *The Forgotten Language* – An Introduction to the Understanding of Dreams, Fairy Tales and Myths. Nova York: Rinehart & Company, 1970.

examinar isoladamente a tragédia *Édipo Rei* sem levar em conta as duas outras partes da trilogia, *Antígona* e *Édipo em Colono*. Falamos aqui em trilogia no nível do encadeamento do mito, não dentro do pressuposto de que as três peças de Sófocles tenham sido encenadas de uma só vez, na ordem do tempo, ou seja, numa das muitas Dionísias Urbanas em que o maior dos trágicos de Atenas competiu. Todos sabemos que *Antígona* foi encenada em 441 a.C., onze anos portanto antes de *Édipo Rei*, e *Édipo em Colono* somente foi levada à cena postumamente, em 401 a.C., vinte e nove anos depois de *Édipo Rei* e quarenta anos após *Antígona*. É que o mito é intemporal e o público ateniense via em cada tragédia uma unidade literária isolada e não uma relação.

Com o suicídio de Jocasta e a cegueira voluntária de Édipo, o rei foi conduzido por sua irmã e filha Antígona para Atenas, mais precisamente para Colono, bairro, por sinal, onde nasceu Sófocles, e ali o parricida e incestuoso Édipo encontrou a Paz no bosque sagrado das Erínias, agora transformadas em Eumênides, desde a Oréstia de Ésquilo...

O trono de Tebas, na minoridade de Etéocles e Polinice, irmãos de Antígona e Ismene, foi ocupado pelo tio deles, Creonte, irmão de Jocasta. Na disputa, mais tarde, do trono de Tebas, Etéocles e Polinice mataram-se em luta singular. Antígona, que desafiara o edito arbitrário e sofístico do tio, agora rei, que proibira se desse sepultura a Polinice e fora condenada à morte, teve, embora sem êxito, o auxílio de seu primo e noivo, Hêmon, filho único de Creonte. Pois bem, em *Antígona* encontramos o conflito pai-filho como um dos temas centrais da tragédia.

Creonte, o representante do princípio autoritário no Estado e na família, defronta-se com a oposição do filho Hêmon, que lhe censura o despotismo e crueldade contra Antígona. Hêmon tenta matar o pai e, fracassando, mata-se sobre o cadáver de Antígona.

Em *Édipo em Colono*, encontramos Édipo, *em Colono*, bairro de Atenas, no bosque sagrado das Eumênides, pouco antes de morrer. Expulso de Tebas por Creonte, como parricida e incestuoso, Édipo foi acompanhado ao exílio pela ternura de Antígona, símbolo eterno do amor universal. Os filhos Etéocles e Polinice, após humilharem o desventurado pai, recusaram prestar-lhe qualquer auxílio. Após a partida de Édipo, os dois irmãos combinaram reinar alternadamente durante um ano cada um. Etéocles, o primeiro a subir ao trono, recusou-se, após o prazo estipulado, a entregá-lo ao irmão. Polinice, em vista disso, tenta conquistar Tebas com o auxílio de seu sogro Adrasto, rei de Argos. Em *Édipo em Colono* vemo-lo abordar o pai, pedindo perdão e solicitando-lhe ajuda contra Etéocles. Édipo, no entanto, é implacável no ódio aos dois filhos. Apesar dos apelos, por vezes comoventes, de Polinice e das súplicas de Antígona, ele se recusa terminantemente a perdoar aos filhos varões e os amaldiçoa.

Eis as últimas palavras de Édipo:

Édipo – "Vai-te, maldito, o mais celerado dos homens, renegado por teu pai; leva contigo todas as pragas que lanço sobre ti, a fim de que jamais encontres abrigo em tua terra, que também jamais retornes à soberba Argos, mas tombes sob mão fraterna e mates aquele por quem foste expulso. Eis aí como te amaldiçoo e invoco as paternais trevas do Tártaro, para que não te recebam em seu seio. Invoco igualmente as deusas deste lugar. Invoco também a Ares que a ambos inspirou este ódio terrível. Ouviste-me, vai-te. Vai e anuncia a todos os Cadmeus, como a teus fiéis aliados, quais as honrarias que Édipo partilhou com seus filhos" (*Édip. Col.* 1383-1396).

Verificamos, pois, que o tema básico das três tragédias é o conflito entre *pai e filho*. Em *Édipo Rei*, Édipo mata seu pai Laio, que lhe tentara tirar a vida. Em *Édipo em Colono* expande seu ódio terrível contra os filhos, Etéocles e Polinice, e em *Antígona* aparece o mesmo ódio entre pai e filho, entre Creonte e Hêmon.

O problema do incesto não existe em relação aos filhos de Édipo e Jocasta e nem entre Hêmon e sua mãe Eurídice. Se, portanto, analisarmos *Édipo Rei* no conjunto da trilogia, chegaremos à conclusão de que o problema em *Édipo Rei* é o conflito entre pai e filho, entre Édipo e Laio. Freud evidentemente interpreta o antagonismo entre Édipo e Laio como uma rivalidade inconsciente provocada pelos anelos incestuosos de Édipo para com sua mãe Jocasta. Se não aceitarmos essa interpretação, surgiria o problema de como explicar diversamente o conflito entre pai e filho, encontrado nas três tragédias.

Antígona nos oferece uma pista segura: a revolta de Hêmon contra seu pai Creonte possui suas raízes na estrutura específica do relacionamento entre Creonte e Hêmon. Aquele representa a *polis* sofística, o princípio despótico tanto na família como no Estado, e é contra esse tipo de autoridade que Hêmon se insurge. Uma análise da trilogia mostra que a luta contra a autoridade paterna é seu tema principal e que as origens dessa luta datam do velho litígio entre os sistemas patriarcal e matriarcal na sociedade. Édipo, Hêmon e Antígona representam o princípio matriarcal. Todos eles atacam uma ordem social e religiosa baseada nos poderes e privilégios do pai, representados por Laio e Creonte. Assim compreendido, o mito de Édipo deve ser julgado como um símbolo, não do amor incestuoso entre mãe e filho, mas de rebelião do filho contra a autoridade paterna na família patriarcal. O casamento de Édipo com sua mãe Jocasta é um elemento secundário na tragédia: apenas um dos símbolos da vitória do filho, que ocupa o lugar do pai, e, com isso, todos os privilégios deste.

Voltemos a Sigmund Freud. Teria razão o genial austríaco em afirmar que os impulsos incestuosos inconscientes em relação à mãe e o consequente ódio contra o pai e rival são encontrados em qualquer criança do sexo masculino? A esta pergunta se pode responder com outra. Se a interpretação de Freud fosse correta, dever-se-ia esperar o mito nos dizer que Édipo encontrou Jocasta sem saber que ela era sua mãe, apaixonou-se por ela e então matou o próprio pai, ainda sem o saber?

Mas não há no mito qualquer indicação de ter sido Édipo atraído ou de ter-se apaixonado por Jocasta. A única razão apresentada para o casamento de Édipo com Jocasta foi o fato de a mesma ter vindo junto com o trono de Tebas. Essa união não foi, em absoluto, o resultado de uma decisão ou desejo de Édipo, mas apenas e tão somente uma recompensa ao salvador da cidade, como afirma o próprio filho de Jocasta:

Édipo – Tebas uniu-me criminosamente, sem o saber, à noiva que deveria ser a minha maldição (*Édip. Col.* 525-526).

Deve-se aceitar que um mito, cujo tema central é a relação incestuosa entre mãe e filho, omita inteiramente o elemento de atração entre ambos? Esta pergunta é tanto mais séria quanto nas mais antigas versões do oráculo a predição do casamento de Édipo com a mãe só vir citada uma única vez na versão de Nicolau de Damasco, autor grego do século IV d.C.

Em síntese: qual a atração que Jocasta exerceu sobre Édipo, se ele se casou com ela unicamente por causa do trono de Tebas?

Parece que a razão está com Bachofen. A hostilidade entre pai e filho, que é o tema constante da trilogia de Sófocles, deve ser compreendida como um ataque contra o vitorioso sistema patriarcal pelos representantes da derrotada ordem matriarcal. A própria figura de Édipo Rei parece uma demonstração clara de tal postulado. Édipo está ligado a deusas típicas do matriarcado. Onde desaparece ele em *Édipo em Colono*, se não no bosque sagrado das Eumênides, onde havia também um templo consagrado a Deméter? Quem leu a trilogia esquiliana Oréstia sabe muito bem o que representam as *Erínias*, depois, por eufemismo, transmutadas em *Eumênides*, em relação a Orestes, que havia derramado o sangue materno, matando sua própria mãe Clitemnestra, para vingar seu pai Agamêmnon.

Como diz outro suíço de língua alemã, Carl Gustav Jung, o criador do Complexo de Electra, "filogenicamente tanto quanto ontogenicamente somos oriundos dos negros confins da terra". A mãe protetora está também associada à terra nutridora, ao campo aprovisionador, à terra acolhedora e acalentadora, à caverna protetora, à vegetação circundante, à vaca aleitadora e ao rebanho. Lembremo-nos de que, ao nascer, Édipo foi colocado no Monte Citerão e desaparece nos *bosques* sagrados das Eumênides. O outro aspecto do mito edipiano, a ligação de Édipo com a Esfinge, também parece indicar a ligação entre o filho de Laio e o princípio matriarcal. Para Freud, o enigma proposto pela *Esfinge* é a expressão simbólica da curiosidade sexual infantil – *de onde vem a criança?*

Bachofen, contrariamente, salientou a natureza da pergunta e asseverou que a Esfinge define o homem em função de sua existência telúrica, material, isto é, em termos matriarcais. O real sentido da charada proposta pela Esfinge – que é que primeiro anda em quatro, depois em dois e acaba andando em três – enigma aliás, que, como acentua Erich Fromm, qualquer menino esperto de doze anos poderia decifrar, deve ser explicado segundo os princípios da interpretação de mitos e sonhos como foi criada por Freud e Bachofen. Ambos mostraram que, as mais das vezes, o elemento mais importante do conteúdo real de um sonho ou mito aparece como a parte menos importante ou até mesmo insignificante da formulação manifesta, enquanto a parte desta onde recai o destaque é apenas parte secundária do conteúdo real. Aplicando tal princípio ao mito da Esfinge, tudo faz crer que o elemento mais importante do enigma não é a formulação manifesta do mito, quer dizer, a charada propriamente dita, mas a resposta a esta: – o *homem*. Traduzindo as palavras da Esfinge, da linguagem simbólica para uma linguagem clara, teríamos: aquele que sabe que a resposta mais importante que o homem pode dar à pergunta mais difícil, com a qual o homem se pode defrontar, é o *próprio homem*, pode salvar a humanidade. O enigma serve tão somente de véu ao sentido latente da questão, a *importância do homem*. Essa ênfase dada à importância do homem (*homem* aqui no sentido universal) faz parte intrínseca do mundo matriarcal. Sófocles, na *Antígona*, fez desse princípio o centro da oposição da heroína a seu tio Creonte. O que interessa a Creonte, isto é, à ordem patriarcal por ele representada, é o Estado totalitário, a *pólis* sofística, as leis feitas pelo homem e a obediência cega a estas: em termos de direito grego, o que interessa a Creonte é a *athemistia*, quer dizer, o direito absoluto de que se investe o príncipe, em nome da divindade. O que interessa a Antígona é o *próprio homem*, o amor, a lei natural, ἄγραφος νόμος, "ágraphos nomos", a lei não escrita:

Coro – πολλὰ τὰ δεινὰ χοὐδὲν ἀνθρώπου δεινότερον πέλει...
– Muitas coisas admiráveis existem, de todas, porém, a mais portentosa é o homem.
Ele que singra o mar, sorrindo ao tempestuoso Noto, galgando vagalhões, que escancaram o abismo, e que a deusa suprema, a Terra, a eterna infatigável, ano após ano, rasga a arado e pisa com os cavalos
....
Senhor da arte e do engenho, que ultrapassam qualquer sonho, pode preferir tanto o bem como o mal (*Ant.* 334-365).

Eis aí, em *Antígona*, a presença universal do homem, unido eternamente à deusa suprema, a Terra, a eterna infatigável. É por isso que Antígona, que é a exaltação do ser humano, é também um hino ao amor eterno:

Creonte – Não obstante ousaste infringir *minha* lei? (*Ant.* 449).

Note-se o pronome *minha*. Creonte é o déspota, a marca do patriarcado e, por isso mesmo, somente sabe empregar os pronomes de primeira pessoa. É a hipertrofia do *eu*. Antígona responde *anontivamente*, isto é, com a *não pessoa*, já que para ela o amor é universal:

Antígona – Porque não foi Zeus que ditou essa lei, nem foi a que vive com os deuses subterrâneos, a Díke, a justiça, quem aos homens deu tais normas. Nem nas tuas leis se pode reconhecer força que a um mortal permita violar as leis não escritas e intangíveis leis dos deuses (*Ant.* 450-455).

E arremata em nome do matriarcado, do amor universal:

Antígona – Não nasci para o ódio, mas nasci para o amor (*Ant.* 523).

A resposta de Creonte não se fez esperar:

Creonte – Se amar é o que desejas, vai amar os mortos. Enquanto eu viver, mulheres não governam (*Ant.* 524-525).

A morte de Antígona e de Hêmon numa *caverna*, numa *gruta*, e a de Édipo num *bosque*, simbolizam o retorno dos três ao seio do amor, da deusa Terra infatigável.

Édipo torna-se o salvador de Tebas, provando por sua resposta à Esfinge que ele pertence ao mesmo mundo representado por Hêmon e Antígona, isto é, à ordem matriarcal.

3.5 Antígona, um reflexo da sofística: Lei da *polis* e lei da consciência

Além do resumidíssimo enfoque da ginecocracia, que se deu a *Antígona*, dentro da trilogia sofocleana, pode-se perfeitamente analisá-la também sob outro aspecto não menos importante: o conflito entre a ditadura estatal e a liberdade individual.

A tragédia *Antígona*, encenada em 441 a.C., onze anos portanto antes de *Édipo Rei*, é, como já frisamos, uma sequência do mito da família dos Labdácidas. Tal maldição incidiu sobre toda a família de Lábdaco, rei de Tebas, por haver seu filho Laio raptado a Crisipo, filho do rei Pélops. Hera, a protetora dos amores normais, pelos lábios de Pélops, amaldiçoou a Laio e a todos os seus descendentes. Quando Laio, que sucedera a seu pai Lábdaco no trono de Tebas, se casou com Jocasta, dirigiu-se ao Oráculo de Delfos e perguntou se sua união com a jovem tebana seria fecunda: "se de Laio e Jocasta nascer um filho, ele matará o próprio pai e casar-se-á com a própria mãe respondeu a Pitonisa. Tudo se realizou, consoante a predição de Apolo, nós o sabemos, através do mito e da tragédia preferida de Aristóteles, o *Édipo Rei*. Sabemos também que os quatro filhos de Édipo e Jocasta, Etéocles, Polinice, Antígona e Ismene, ficaram sob a tutela de Creonte, irmão de Jocasta. Ao completarem a maioridade, Etéocles e Polinice, segundo acordo prévio, combinam reinar alternadamente por um ano.

Etéocles, todavia, se recusou a entregar o trono a seu irmão Polinice, que, por isso mesmo, uniu-se a seu sogro Adrasto e marchou contra Tebas na famosa expedição dos *Sete contra Tebas*, que mereceu, com este mesmo título, uma famosa tragédia de Ésquilo.

Os irmãos, a maldição familiar pesava sobre eles, morreram um às mãos do outro. Creonte, como parente mais próximo, assumiu o poder. Decretou funerais suntuosíssimos para Etéocles e proibiu, sob pena de morte, que se desse sepultura a Polinice, por considerá-lo traidor da pátria, embora o mesmo postulasse apenas um direito que o irmão Etéocles teimara em negar-lhe.

É neste ponto que a tragédia *Antígona* se inicia.

Etéocles e Polinice já pagaram pela maldição familiar, pela *hamartía* do *guénos*. Agora é a vez de Antígona. Mas, Sófocles não é Ésquilo, em cujas peças a *Moira* coloca-se ao lado da personagem para empurrá-la mais depressa para o abismo. Sófocles coloca a *Moira* bem distante; em suas tragédias os deuses atuam indiretamente, sob a forma oracular e por meio de adivinhos, como se salientou. É que em Sófocles, em seu teatro antropocêntrico e perisférico, o homem, o herói é um *concausante* do destino: este atua, mas o homem concorre, *concausa*, para que o mesmo se cumpra e se realize. *Antígona* "livremente" tomou uma resolução: apesar do edito proibitório de Creonte, *resolve*, embora sabendo que vai *morrer*, dar sepultura a seu irmão Polinice.

Eis um pequeno trecho do diálogo com sua irmã Ismene, a quem inutilmente Antígona procura conquistar para a triste tarefa de dar sepultura a Polinice. Ismene, no entanto, é a própria insegurança: não tem forças e nem coragem para ajudar e nem mesmo para ajudar-se...

Antígona – Pois não manda Creonte dar à sepultura um de nossos dois irmãos, negando-a ao outro? A Etéocles, sim, segundo ordena o rito, fez cobrir de terra, a fim de ter repouso e honra entre os que estão no mundo subterrâneo. Quanto a Polinice, pobre morto, nem sepultura, nem sequer lamentações: ficará seu corpo ao sol apodrecendo, insepulto, até que as aves nele encontrem um tesouro doce para sua fome. É o que a nós ordena o nobre Creonte: sim, a nós duas, vês? Até a mim também! E, o que é mais, vai vir a proclamar aqui, ele mesmo, o edito; e é tão sério, que a pena implacavelmente imposta ao transgressor é a lapidação em plena praça pública. Eis o que há: se és digna, prova sem demora não ter sangue nobre em coração ignóbil (*Ant.* 21-38).

Diante da perplexidade, do medo e da covardia de Ismene, Antígona ergue-se gigantesca:

Antígona – Nada mais te peço; e mesmo que quisesse ajudar-me, um dia, eu não o aceitaria. Faze o que quiseres! Eu o enterrarei sem ninguém. Será belo morrer por isso: repousar, amada, ao lado de quem amo, por tão santo crime. E se é mais longo o tempo em que hei de agradar aos mortos do que aos vivos, lá descansarei... (*Ant.* 69-76).

Surpreendida pelos Guardas, que vigiavam o cadáver insepulto de Polinice, Antígona é presa e levada à presença de Creonte. O diálogo *Creonte-Antígona* constitui, na realidade, o miolo, a razão de ser da tragédia. É o choque da *polis*, da ditadura estatal *adversus religião*, postulado da consciência individual:

Creonte – Dize, tu que aí estás, tu, de cabeça baixa: negas ou confessai teres feito aquilo?

Antígona – Eu confesso tudo; nada negarei.

Creonte – E tu, dize logo, sem quaisquer rodeios: conhecias a ordem que vedava aquilo?

Antígona – Sim. Como ignorá-la? Era público o edito.

Creonte – Não obstante, ousaste infringir minha lei?

Antígona – Porque não foi Zeus quem a ditou, nem foi a que vive com os deuses subterrâneos – a justiça – que aos homens deu tais normas. Nem nas tuas ordens reconheço força que a um mortal permita violar as leis não escritas e intangíveis leis dos deuses. Estas não são de hoje, ou de ontem: são de sempre; ninguém sabe quando foram promulgadas. A elas não há quem, por temor, me fizesse transgredir, e então prestar contas aos Numes (*Ant.* 441-459).

E mais adiante:

Creonte – Sim, mas não te esqueças de que os mais tenazes são às vezes os primeiros a ceder. O mais duro ferro temperado a fogo é o que mais depressa estala e se estilhaça. Sei de débeis freios que domaram, prontos indomáveis potros. Não é permitido ser soberbo assim a que depende de outrem. Ela já mostrou toda a sua insolência ao violar a lei previamente estatuída; e a essa vem juntar agora outra arrogância: a de se gabar e exultar do que fez. Homem seria ela, e não eu, neste instante se ousadia tal permanecesse impune. Seja, embora, filha de uma irmã ou seja a que o lar a mim mais próxima ligou, nem por isso as duas ela e a irmã, escapam à mais vil das mortes (*Ant.* 473-489).

Antígona – Presa, que mais queres tu que a minha morte?

Creonte – Nada mais. Tendo isso, tenho o que desejo.

Antígona – O que esperas, pois? Não há palavra tua que me agrade, ou possa vir a agradar-me: como tudo o que eu disser te desagrada. Que mais nobre glória poderia eu ter que a de dar à terra o corpo de um irmão? Esses, que aí estão, todos me aplaudiriam, se não lhes travasse a língua a covardia. Esta, entre outras, é a vantagem dos tiranos: dizer e fazer tudo o que bem entendem.

Creonte – E o outro, que o matou, não era teu irmão?

Antígona – Sim, de um mesmo pai e de uma mesma mãe.

Creonte – Por que o ofendes, pois, honrando ao outro impiamente?

Antígona – Não é o que diria o que está sepultado.

Creonte – Sim, se ao ímpio rendes honra igual à dele.

Antígona – Não era um escravo: era igual, era irmão.

Creonte – Vinha contra a terra que o outro defendia.

Antígona – Pouco importa: a lei da morte iguala a todos.

Creonte – Mas não diz que o mau tenha o prêmio do justo.

Antígona – Não será talvez piedade isso entre os mortos?

Creonte – Mesmo morto, nunca é amigo um inimigo.

Antígona – Não nasci para o ódio: apenas para o amor.

Creonte – Se amar é o que queres, vai amar os mortos! Enquanto eu viver, mulheres não governam (*Ant.* 497-525).

Destacamos do original, neste diálogo, as palavras *thémis*, *nomos* e *díke*, usadas por Sófocles em seu lugar certo. Michel Foucault, em sua conferência sobre *Édipo Rei*, ressaltou a importância do Direito grego na tragédia.

Para nós também Antígona é a oposição de duas normas jurídicas: *athemistía*, a ilegalidade de uma decisão, cifrada em Creonte, que representa uma *polis* especial, a *polis* sofística, em contraposição a *thémis* ou *nómos*, inserida na decisão de Antígona, que representa a religião, a consciência individual. Vimos no texto que Sófocles emprega perfeitamente dentro das normas do direito grego as palavras *thémis* (= *nomos*), *díke* e *athemistía*. Estamos no século V a.C. Voltemos um pouco, no tempo e no espaço. A justiça grega, pelo menos durante o período micênico e por todo o período monárquico, entre os séculos XV e X a.C., era de caráter divino, portanto uma ordenação sagrada, que se não discutia. A lei, *thémis* ou *nómos* (e aqui *thémis*, o conceito de justiça divina, precede à deusa *Thémis*, deusa da justiça, assim como *nómos* que só bem mais tarde adquirirá um caráter profano, possivelmente a partir de Dracon e Sólon), a lei, repetimos, *thémis* ou *nomos*, é uma ordenação divina, tomando já na Linear B, decifrada por Michael Ventris e Chadwick[11], o sentido daquilo que é permitido, porque provém da divindade e, nesse sentido, *thémis* é sinônimo de *fas*, por oposição a *ius* no direito profano. Com a queda da monarquia, lá pelo século X a.C., *nómos* ou *thémis* (ordenação divina) foi substituída por *díke*, a *justiça*, enquanto baseada nas leis, que tomaram corpo a partir do uso e dos costumes. Sófocles, por conseguinte, opôs, em Antígona, o direito antigo (aliás, sempre novo, da consciência individual), não à *díke* consolidada por Sólon, mas a um *postulado jurídico novíssimo*, criado pelos Sofistas, mestres que faziam profissão de *sophía*, destruindo a razão com as armas da própria razão. Se a finalidade do homem nesta vida é o sucesso e a glória e como esse sucesso e essa glória, numa παρρησία, "parresía" (liberdade to-

---

11. VERTRIS, M. & CHADWICK, J. *Documents in Mycenaean Greek*. Londres: Cambridge, 1956.

tal de pensamento e expressão), só se conseguem através da arte da palavra, os sofistas eram, antes de mais nada, professores de retórica. Em *política*, no entanto, ergueram eles, como postulado, o direito da *athemistía*, que Sófocles considera nesta peça uma *adikía*, isto é, uma injustiça e uma ilegalidade. Em que consistia, precisamente, esse direito sofístico? Simples: é o Estado totalitário representado por Creonte, perfeitamente integrado nas ideias sofísticas de que o Estado é o senhor absoluto dos cidadãos, tendo sobre eles direito de vida e de morte.

E, como diz o supracitado Michel Foucault, uma das características do tirano é fazer de sua própria vontade a lei da cidade. Aliás, Creonte é muito claro a esse respeito:

Creonte – Mas quem, por orgulho, menospreza as leis e pretende opor-se a quem tem o poder, esse não terá jamais o meu favor. Ao governante é devida obediência na pequena ou grande coisa, justa ou não (*Ant.* 663-667).

Antígona é, pois, uma ação formulada num duelo verbal entre a *thémis*, a lei não escrita, *ágraphos nomos*, invocada e representada por Antígona, e o novíssimo direito sofístico, denominado *athemistía*, o não direito, o Estado totalitário, encarnado pela *polis*, na pessoa de Creonte.

Voltemos, todavia, à peça e vejamos o desfecho desse gigantesco duelo verbal. Antígona, porque defendia a *thémis*, o direito divino, não escrito, mas inscrito em sua consciência individual e, fato curioso, defendido pelo próprio Estado que nunca se desvinculou da religião – era punido com a pena de morte quem não desse sepultura aos mortos – foi condenada a ser sepultada viva. O direito ao sepultamento era tão sagrado que nem mesmo os deuses podiam impedi-lo, como diz Tirésias a Creonte:

Tirésias – Não tens, e nem têm os deuses tal direito. Usas de violência, pois, contra eles próprios (*Ant.* 1072-1073).

É que o Rei Creonte defende a *polis sofistica*, a *athemistía*.

Il Principe de Niccolo Macchiavelli teve excelentes precursores! A intervenção de Hêmon, filho único de Creonte, e noivo de Antígona, foi contraproducente. É que Hêmon se dirigiu ao pai em nome da *justiça* e do *amor*.

Quanto à justiça, como já o demonstramos num pequeno trecho acima, Creonte se julga seu único representante.

No que diz respeito ao amor, para Creonte o único amor é o físico, o resto é insensatez. Hêmon "teria outros ventres que trabalhariam para ele"...

Vale realmente a pena transcrever alguns versos do diálogo Hêmon-Creonte:

Hêmon – Tenho, em teu lugar, sabido o que se diz, tudo o que se faz, tudo o que se critica. Tu, presente, o povo simples se intimida; nem te agradaria ouvir o que murmura. Mas eu, só na sombra, escuto e vejo o quanto chora esta cidade a sorte dessa jovem inocente e nobre mais que qualquer outra, condenada à mais ignominiosa morte, por haver cumprido a ação mais meritória: a de não deixar que o irmão, morto na luta, insepulto, fosse entregue aos cães e às aves (*Ant.* 688-698).

A uma intervenção do Coro, em apoio a Hêmon, responde Creonte:

Creonte – Somos nós, então, que, na idade em que estamos, temos que aprender com gente dessa idade?

Hêmon – O que é justo, sim. Se sou moço, o que vale são meus atos, não o tempo que vivi.

....

Creonte – Não foi crime, acaso, aquilo que ela fez?

Hêmon – O que o povo diz em Tebas é que não.

Creonte – E é a cidade que há de ditar minhas leis?

....

Devo governar pela opinião dos outros?

Hêmon – Não há Estado algum que pertença a um só homem.

Creonte – A cidade, então, não é de quem governa?

Hêmon – Talvez, se esse rei governasse um deserto.

....

Creonte – Infeliz que se ergue até contra seu pai!

Hêmon – Porque sei que está violentando a justiça.

Creonte – Violentando-a, se defendo o meu poder?

Hêmon – Não, não o defendes, desprezando os deuses (*Ant.* 688-745).

Observe-se a hipertrofia do *eu* na fala de Creonte: *minhas* leis; *meu* poder; *devo* governar... Creonte é a *lei*; a *polis* é propriedade sua. E a insegurança também, que é, como agudamente observa Foucault, uma das características primárias da tirania.

Sobre o cadáver de Antígona, que se enforcara na gruta em que fora lançada, apunhalou-se Hêmon, unindo, na morte, seu sangue ao sangue daquela a quem deveria ter-se unido em vida!

Com o cadáver do filho nos braços, Creonte começa a purgar sua *hamartía*:

Creonte – Ó delitos da mente demente, teimosia mortal! De um mesmo sangue oriundos são a vítima e o réu que aqui vedes: ó loucura das leis que ditei! Ó meu filho imaturo que a morte, ai de mim!, imatura levou, não por teu, mas por meu desatino!

Coro – Tu tardaste a enxergar o que é justo (*Ant.* 1261-1270).

Diante de um quadro tão espantoso, Creonte ouve a narrativa do mensageiro: Eurídice, sua esposa, sabedora da morte do filho Hêmon, matou-se no palácio.

Creonte – Ai de mim! Ninguém mais, senão eu, pode ser por alguém acusado. Eu, fui eu, infeliz, quem matou, eu vos juro! Vós todos, ó fâmulos, levai-me depressa, levai-me daqui, que eu agora sou menos que nada (*Ant.* 1317-1325).

Uma das características fundamentais da obra dramática de Sófocles é fazer que suas personagens, no fecho da tragédia, se apaguem numa sombra física e psíquica, como Édipo, e agora.

Creonte – Arrastai daqui depressa este homem louco: eu, meu filho, que, sem querer, te matei e também a ela. Infeliz, já nem sei a qual desses dois volver o olhar. Já tudo ao redor de mim é ruína. Tudo oscila. Abateu-me um destino implacável (*Ant.* 1339-1346).

O Coro final nos dá o tom político, jurídico e religioso da tragédia: a *thémis*, a *ágraphos nómos*, levou de vencida a *athemistía*, nessa luta de vida e de morte contra a ética sofística e seu oportunismo amoral.

Coro – Há muito que a sabedoria é a causa primeira de ser feliz. Nunca aos deuses ninguém deve ofender. Aos orgulhosos os duros golpes, com que pagam suas orgulhosas palavras, na velhice ensinam a ser sábios (*Ant.* 1347-1353).

Vitória da consciência individual sobre a tirania estatal, não há dúvida. Mas, por que também não um triunfo do matriarcado sobre o patriarcado?

Sob este aspecto *Antígona* é a outra face da *Oréstia*.

4
EURÍPIDES

4.1 A nova estrutura trágica

Se Ésquilo concebeu seu teatro como a representação profundamente religiosa de um evento lendário, e Sófocles fez de seu drama o desenvolvimento normal de uma vontade e de um caráter em uma situação determinada, Eurípides há de conceber a tragédia como uma πρᾶξις, *práxis* do homem, operando, por isso mesmo, uma profunda dicotomia entre o mundo dos deuses e o mundo dos homens. É que, para o poeta de Medeia, o "kósmos" trágico não é mais o mito, mas o coração humano, ao qual o grande poeta desceu como se fora um mergulhador e de lá arrancou sua tragédia.

Se em Ésquilo o teatro é uma teomorfização e suas personagens são mais gigantes que seres humanos, uma vez que sua tragédia é um confronto entre o Hades e o Olimpo; se já em Sófocles, com seu antropocentrismo, observa-se um certo distanciamento, com os deuses agindo pela voz dos Oráculos e dos adivinhos e a Moira como causa segunda, em Eurípides o rompimento foi total. Nota-se em suas peças uma consciente dessacralização do mito com uma consequente proletarização da tragédia. Das trevas de Elêusis de Ésquilo aos píncaros do Olimpo de Sófocles, a tragédia de Eurípides desceu para as ruas de Atenas.

Moira, a fatalidade cega de Ésquilo, e *Lógos*, a razão socrática de Sófocles, transmutaram-se em Eurípides em Éros, a força da paixão. Como diz a própria Medeia, vinte e dois séculos antes de Pascal, o coração tem razões que a própria razão desconhece (*Med.* 1080).

Eurípides, o campeão da amargura, apesar de ser como Ésquilo e Sófocles um poeta do século V a.C., pertence, por sua visão e inovações, ao século seguinte. Exteriormente poderia o cantor de Ifigênia ser reputado um conservador. Nem quanto à escolha dos temas, nem pela disposição das diversas partes constitutivas da tragédia, nenhuma ruptura se nota com a tradição. Exteriormente, repetimos, o clima é idêntico: os mesmos deuses e o destino cego com seu sinistro cortejo: *hybris, némesis, Áte, Moira.* Tudo isto está presente, mas é apenas o exterior, a tradição. Interiormente, no entanto, o âmago de seu teatro, a concepção íntima do drama foram profundamente modificados. *Scenicus philosophus*, filósofo da ribalta, epíteto que lhe cabe em sentido muito lato, Eurípides não poderia ficar, como não ficou, indiferente ante a avalanche de ideias novas que, a partir da primeira metade do século V a.C., invadiu Atenas e abalou os nervos da *polis.* Os maiores responsáveis por muitas dessas inovações foram os Sofistas, que souberam habilmente explorar com sua filosofia *ancípite* o estado de espírito criado pelas especulações filosóficas e condições políticas e sociais do tempo. Foi mister que Sócrates desse a própria vida, para que, sobre os escombros da razão, se erguesse uma razão nova.

As comédias aristofânicas, descontados naturalmente os exageros e as deformações, *Os cavaleiros, As vespas, As nuvens, As rãs*, entre outras, bem como alguns diálogos de Platão e a obra histórica do integérrimo Tucídides, dão-nos uma ideia bem clara da grandeza e das misérias do século de Péricles.

Eurípides, pensador, observador atento de todos os movimentos de ideias de seu tempo, dotado de alta sensibilidade não podia e não pôde ficar indiferente a coisa alguma de seu século e de seu meio. Bebeu em todas as fontes e não podendo chegar a uma conclusão, tornou-se o poeta da *busca*. Nesse sentido, o teatro euripidiano, tomado em bloco, é uma espécie de νόστος, "nóstos", de retorno a um mundo imaginário, onde o sofrimento e a dor não se justificam mais. Talvez um Ulisses de Joyce perdido nas ruelas de Atenas...

Não sendo um homem que aderisse a sistemas – um Ésquilo preso a convenções religiosas, nem um Sófocles acomodado, como lhe chamou Aristófanes em *As rãs* – a tragédia euripidiana é uma colcha de retalhos com rótulos e etiquetas de todas as escolas. Coagido a produzir um gênero com maioridade literária definida, já elevado à perfeição por Ésquilo e Sófocles, com uma estrutura inflexível, temas de inspiração gastos, por um lado, mas obrigatórios por outro (o mito), o gosto do público já formado, moldes enfim que não podia como pensador aceitar, nem tampouco como poeta romper, o autor de *Hécuba* tomou uma posição de rebeldia contra as tradições teatrais, não só quanto às fontes e critérios de inspiração, mas também no tocante à estrutura da tragédia. Arrancando de suas personagens a majestade teatral de outrora, o trágico inovador procurou substituí-la pelos rugidos das paixões e arrebatamentos afetivos, em cuja descrição é mestre consumado. Fazendo a tragédia descer do Olimpo para as ruas de Atenas, Eurípides secularizou-a, fundindo assim a linguagem da Ágora com a do Pireu. Se é verdade que em Ésquilo as personagens existem em função da fábula e em Sófocles a fábula existe em função das personagens, em Eurípides personagens e fábula são elaboradas em função do πάθος, "páthos", em que o ἔρως, "eros" objetivo de Ésquilo e Sófocles foi substituído pelo ἔρως subjetivo. Em outros termos, a paixão amorosa, tão ausente em Ésquilo e Sófocles, há de ser a mola mestra do drama euripidiano. Eis aí o motivo por que o poeta concedeu à mulher o trono de sua tragédia. Basta dizer que das dezessete tragédias euripidianas, que chegaram até nós, doze são nomes femininos e treze têm como protagonista uma mulher.

Diminuindo a importância do Coro, que já não é mais, como em Ésquilo e Sófocles, um verdadeiro ator e um confidente, Eurípides fez que os Coreutas se tornassem porta-vozes do poeta, quando não meros intensificadores das impressões do momento.

Isto, naturalmente, explica a importância que Eurípides atribui à *Ama* em suas peças: ora ela é ator, ora confidente e, por vezes, até mesmo o inconsciente do protagonista.

Os deuses o grande trágico os colocou no Prólogo e no fecho da tragédia, sob a forma de ἀπὸ μηχανῆς, isto é, de *deus ex machina*, que Aristóteles condena na sua *Poética* (1454a, 33), sobretudo em relação à própria *Medeia* de Eurípides.

Não é que o poeta de Salamina fosse um *ateu*, no sentido grego: ele apenas, como já o fizera Xenófanes, no século VI a.C., condenou e ridicularizou o emaranhado das lendas imorais da mitologia. Ao grotesco antropomorfismo ambos propunham algo mais elevado, baseado na razão. Isto explica em Eurípides a substituição, muitas vezes, dos deuses tradicionais, Zeus, Apolo, Atená, Hera... por meras abstrações AR, ÉTER, RAZÃO, como muito bem viu Aristófanes, em *As rãs*, na crítica que fez à concepção religiosa euripidiana. Em suma a terrível Moira em Eurípides foi substituída pela τύχη, *týkhe*, o poder do acaso, que será o "deus" do século IV a.C.

Criticando as lendas absurdas da mitologia, o poeta afirmou o sentimento religioso. Face aos deuses e à Moira celebrou a grandeza humana. Poderia ser "ateu" aquele que, em pleno século

V a.C., perguntou: "Quem sabe se morrer não é viver, e viver não é morrer"?

Se o coração humano é o grande laboratório do trágico, a Moira em Eurípides deixa de ter sentido e é substituída pelos transbordamentos afetivos e pela ἁμαρτία, "harmartía", isto é, falta, erro, desmando, oriundos das paixões.

Foi certamente com os olhos voltados para as tragédias do poeta de *Medeia* que Aristóteles, na *Poética*, jamais afirmou que a mola mestra do trágico fosse a Moira, mas sim uma ἁμαρτία.

Eis aí a razão por que o drama do poeta de Hécuba é bem mais realista que os de Ésquilo e Sófocles.

Aristóteles afirma na *Poética*[12] que Sófocles dizia que pintava os homens como deveriam ser e que Eurípides os pintava como eram. Esta opinião de Sófocles acerca de seu êmulo reflete uma grande verdade e *Medeia* aí está para confirmá-la.

4.2 O mito de Medeia

O mito do amor-loucura de *Medeia* está preso a dois outros: a lenda do velocino de ouro e a famosa expedição dos Argonautas.

O primeiro mito nos conduz à Beócia, mais precisamente às cidades beócias de Coroneia, Orcômeno ou Tebas, onde reinava Átamas, herói que se tornou personagem de várias tragédias. Átamas casou-se três vezes e é a história desses casamentos que serve de base para certos desdobramentos romanescos de um mito mais antigo. Na versão mais conhecida e que remonta, sem dúvida, ao *Frixo* de Eurípides, tragédia hoje perdida, Átamas se casara em primeiras núpcias com Néfele, de quem tivera um casal de filhos, Frixo e Hele. Tendo repudiado a Néfele, o rei tomou por

---

12. 1460b, 32.

esposa a Ino, filha de Cadmo, lendário fundador de Tebas. Enciumada com os filhos do primeiro matrimônio de Átamas, Ino concebeu o projeto de matá-los, mas Zeus ou a própria Néfele, segundo outros, enviou-lhes um carneiro voador de *velo de ouro*, que conduziu Frixo até a Cólquida, porque Hele, por causa de uma vertigem, caiu no mar, no estreito chamado, por isso mesmo, Helesponto, isto é, Mar de Hele, fato imortalizado por Ovídio[13].

Frixo tendo chegado à corte do Rei Eetes, na Cólquida, Ásia Menor, foi muito bem recebido pelo soberano que lhe deu a filha Calcíope em casamento. Antes de retornar à Grécia, Frixo sacrificou o carneiro a Zeus e ofereceu o velo de ouro ao rei, que o consagrou ao deus Ares, cravando-o num carvalho, no bosque sagrado do deus. Uma outra tradição, devida ao escritor latino de origem espanhola, Higino, do século I a.C., conta que Eetes matou a Frixo, porque um oráculo lhe havia predito a morte nas mãos de um descendente de Éolo, pai de Átamas. Esta variante de Higino não foi por ele criada: deve-se, naturalmente, a uma alteração poética da lenda nas mãos dos trágicos.

De qualquer forma, é esse *velocino de ouro* que vai dar origem ao segundo mito, a famosa expedição dos Argonautas.

Voltemos à Grécia, desta feita à cidade de Iolco, na Tessália, onde, consoante a tradição mais seguida pelos trágicos (as variantes são inúmeras), reinava Esão, pai de Jasão. Destronado por seu irmão Pélias, Esão entregou o filho, ainda menino, ao Centauro Quirão, para ser educado, e retirou-se da corte. Ao completar a maioridade, Jasão deixou a companhia do Centauro, e o Monte Pélion, e voltou a Iolco, para reclamar o trono, que legitimamente lhe pertencia. Pélias condicionou a devolução do poder à conquista por Jasão do Velocino de Ouro, que o rei

---

13. Fast. 3, 857s.

sabia ser guardado por um dragão no bosque sagrado de Ares, na Cólquida. Pensando que o sobrinho jamais voltaria com vida, se tentasse trazer de volta à Grécia o velo de ouro, Pélias prometeu devolver-lhe o trono. Jasão, entusiasmado com a empresa, pediu auxílio a *Argos*, filho de Frixo; este, ajudado por Atená, construiu com madeira do Monte Pélion o navio Argo, que deveria levar Jasão e seus marinheiros, em grego marinheiro é ναύτης, "naútes", daí *Argonautas*, até a Cólquida.

Reunidos os cinquenta e cinco heróis, cujos nomes diferem muito, consoante os catálogos e as diferentes épocas da lenda, Jasão se fez ao mar.

Diga-se de passagem que essa peregrinação de Jasão reflete simbolicamente algo bem mais profundo. Todo "pretendente", quer a um trono, quer ao retorno ao lar, após longos anos de ausência, quer a mão de uma princesa..., tinha que passar por uma fase de purificação, numa gruta, caverna, bojo de uma baleia ou monstro – era o *regressus ad uterum* – ou numa longa viagem pelo mar, onde seria purgado pelo sal. A eficácia catártica dependia, evidentemente, da consciência e intenções do pretendente. Jasão é um exemplo vivo!

Depois de uma longa viagem, tendo passado, entre muitos outros locais, pelas Ilhas de Lemnos e Samotrácia, onde, a conselho de Orfeu, foram "iniciados" nos Mistérios dos Cabiros e pelos terríveis "Rochedos Azuis", denominados Simplégades, os Argonautas, após costear o Cáucaso, chegaram à Cólquida.

Jasão, de imediato, dirigiu-se à corte de Eetes e deu-lhe ciência da missão que o trazia à Ásia. O rei prontificou-se a devolver o velocino de ouro, desde que o pretendente ao trono de Iolco executasse, de sol a sol, quatro tarefas, que, diga-se logo, nenhum mortal poderia nem sequer iniciar a não ser que a grande faísca de eternidade, o *amor*, que torna todos os impossíveis possíveis, aparecesse...

As tarefas impossíveis para qualquer ser humano eram: pôr o jugo em dois touros de pés e cornos de bronze, que lançavam chamas pelas narinas, e os atrelar a uma charrua de diamante; lavrar com eles uma vasta área e nela semear os dentes do dragão morto por Cadmo na Beócia; matar os gigantes que nascessem desses dentes; matar, por fim, o dragão que montava guarda ao velocino de ouro, no bosque do deus Ares.

Jasão, que havia conquistado o amor de Medeia, filha de Eetes e perita feiticeira, dela obteve, sob promessa solene de casamento, todos os ingredientes necessários para uma completa vitória. Deu-lhe Medeia um bálsamo maravilhoso com que Jasão untou o corpo e as armas, tornando-os invulneráveis ao fogo, e foi-lhe recomendado que, tão logo nascessem os gigantes, atirasse uma pedra no meio deles, o que os levaria a lutar uns contra os outros, até se exterminarem por completo.

Tudo aconteceu conforme desejava o amor de Medeia. Restava apenas vencer o dragão no bosque de Ares. Medeia fê-lo adormecer com seus sortilégios e Jasão atravessou-o com sua lança, apossando-se do velocino de ouro. Face à recusa de Eetes, que se negou a cumprir a promessa feita, Jasão fugiu com Medeia, levando o velo do carneiro de Frixo.

Quando o rei descobriu a fuga de Jasão e Medeia, enviou seu filho Apsirto com um exército em perseguição dos Argonautas. Tendo-se Apsirto adiantado muito, deixando o exército para trás, Medeia esquartejou o *irmão*, espalhando-lhe os membros em direções várias, conseguindo desorientar os soldados de Eetes. Livres da perseguição, os Argonautas navegaram em direção à Grécia.

Chegando a Iolco, Jasão entregou a Pélias o velocino de ouro e reclamou o prometido. Como o soberano se recusasse a devolver-lhe o trono, Medeia, para vingar a injúria feita ao marido, resolveu eliminar o rei. Disse às filhas do usurpador que poderia n facilmente rejuvenescer o pai, já muito avançado em anos, se o fizessem em pedaços e o deitassem a ferver num caldeirão de bronze, em meio a uma composição mágica, cujo segredo somente ela conhecia. Para demonstrar sua arte, Medeia tomou um velho cordeiro (outros afirmam que foi Esão, pai de Jasão) e, usando do processo acima descrito, transformou-o num cordeirinho ou o velho Esão num Esão jovem e robusto...

Após a morte do rei, Jasão e Medeia, com os filhos do casal, Feres e Mérmero, foram banidos de Iolco por Acasto, filho de Pélias. Exilados em Corinto, viveram felizes e tranquilos por algum tempo, até que Jasão se "apaixonou" por Glauce ou Creusa, filha de Creonte, rei de Corinto. Na realidade a "paixão" de Jasão foi pelo trono, já que o rei era muito idoso.

É neste ponto que se inicia a tragédia de Eurípides: *in medias res*, como bem mais tarde preceituaria Horácio em sua *Arte Poética*[14].

4.3 Medeia

Medeia é a tragédia do amor transmutado em ódio mortal. A figura demoníaca de Medeia vinha atraindo Eurípides desde 455 a.C., quando em suas *Peliades* apresentou a bruxa que destruiu o velho Pélias. Até nós, porém, chegou somente a gigantesca tragédia *Medeia*, encenada em 431 a.C., peça em que Eurípides atingiu à perfeição em mostrar que a Moira já andava cansada e que o destino do homem nasce do demônio que habita em seu peito, afinal: θυμὸς χρείσσων τῶν ἐμῶν βουλευμάτων a paixão é mais forte que a razão (*Med.* 1080).

---

14. 148-150.

Nesta peça, Medeia apresenta-se sobretudo como mulher que resolve opor à ofensa de seu leito conjugal e à dor o transbordamento de sua paixão. Como acertadamente argumenta Albin Lesky[15], no decorrer da ação esquecemos a feiticeira e suas magias, e nos voltamos inteiros para a mulher, para a pessoa humana, para a "demoníaca Medeia", que Eurípides transformou em assassina dos próprios filhos.

Muito se tem discutido acerca da figura de Medeia, com referência ao que Aristóteles, na *Poética*[16], denominou *herói*. Não podendo este ser alguém muito bom, que passe da felicidade à desdita, porque seria revoltante, nem tampouco um vilão, que passe da desdita à felicidade, porque seria edificante, mas não seria trágico, o herói terá que estar num meio-termo, inclinar-se mais para o lado bom que para o mau e encontrar sua ruína em alguma falta cometida, numa ἁμαρτία. Ora, Medeia, em hipótese alguma, preenche esse meio-termo, não satisfazendo, por conseguinte, à doutrina aristotélica. Muito oportuno, a esse respeito, é o comentário de Kitto[17]: "Medeia não é assim: na verdade, seria difícil encontrar um herói de Eurípides que o seja, até chegarmos a Penteu. Medeia não é um caráter composto de bom e de mau no qual o que é mau faz cair tragicamente em ruínas o que é bom, e não podemos certamente recear por ela como por um de nós. De fato, tratada como heroína autenticamente trágica, ela não produzirá efeito".

Seria impossível, na realidade, conceber como herói trágico, dentro dos moldes aristotélicos, alguém que não seja "como nós", porque não se pode sentir terror e piedade por esse tipo de per-

---

15. LESKY, Albin. *A tragédia grega*. São Paulo: Editora Perspectiva, 1971, p. 171.
16. 1452b, 30-38.
17. KITTO, H.D.F. Op. cit., p. 12.

sonagem. Arrebatada, cruel, extremada e sanguinária, Medeia é uma *figura trágica* muito mais que uma heroína trágica. Talvez mais uma vítima trágica que um agente trágico, o que, aliás, está nos planos de Eurípides, cujo drama tem sua razão de ser num mundo de paixões, misérias e loucuras.

Feitas estas ligeiras observações, vamos diretamente à peça.

Desde o Prólogo, recitado pela Ama, Eurípides nos dá um retrato terrível de Medeia: ora explode em lamentações selvagens, ora se fecha no silêncio de sua dor e o olhar de ódio com que contempla os filhos faz a Ama estremecer num estranho pressentimento do que está para acontecer:

Ama – Medeia, a infeliz desonrada, grita invocando os juramentos, as mãos entrelaçadas – penhor supremo – e toma os deuses por testemunha da paga que recebe de Jasão; [...] nem levanta os olhos, nem desvia o rosto do chão: semelhante a um rochedo ou à onda do mar, está surda às admoestações dos amigos [...] Os filhos lhe causam horror e não se alegra ao vê-los. Receio que tome alguma resolução estranha. Violenta é sua alma e não suportará ser desprezada: eu a conheço e temo, pois é terrível e quem ela odeia não obterá facilmente a vitória (*Med.* 20-45).

A tensão aumenta quando chega o Preceptor com as crianças e confidencia à Ama que Creonte, segundo ouviu dizer, vai banir Medeia e os filhos da cidade de Corinto.

A preocupação vai num crescendo no espírito da Ama. Ela conhece bem a princesa da Cólquida!

Eurípides, nesta peça sobretudo, é um mestre na arte de preparar o espectador ou o leitor para a progressão demoníaca do caráter de Medeia.

Temendo que o desespero da esposa abandonada "possa redundar em perigo para seu próprio sangue", a Ama procura afastar dela os filhos, mostrando-nos claramente o furor e a natureza selvagem da protagonista:

Ama – Ide para casa, crianças; tudo irá bem. (Ao preceptor) E tu, quanto possível, guarda-os afastados e não os deixes se aproximarem da mãe desesperada, pois a vi olhando-os ferozmente, como pronta para agir (*Med.* 89-93).

E, após os primeiros gritos de dor de Medeia, a Ama conclui seu pensamento:

Ama – ... Ide depressa para casa, fugi a seu olhar, não vos aproximeis dela; guardai-vos de seu humor selvagem e seu funesto ânimo intratável... É evidente que essa nuvem progressiva de soluços brevemente explodirá com mais furor ainda. Que fará essa alma orgulhosa e indomável mordida pela dor? (*Med.* 100-110).

O Coro, que entra em cena, procura traduzir a dor da esposa de Jasão e hipoteca-lhe, embora timidamente, a sua solidariedade. A intervenção do Coro faz com que Medeia lhe fale de suas desventuras. Depois, esquecendo-se, por uns momentos, de si própria, passa do particular ao geral, e disserta sobre a triste situação social da mulher no século V a.C. O fecho da fala equilibrada da personagem é uma ameaça a Jasão:

Medeia – Uma mulher, as mais das vezes, é tímida, covarde para a luta, fraca à vista das armas, mas, quando vê lesados os direitos de seu leito nupcial, não há criatura mais sanguinária (*Med.* 263-266).

E, por vezes, ainda se apregoa que Eurípides é misógino. Já discutimos essa pretensa misoginia em nossa edição de Alceste[18]. Realista é uma coisa, e o poeta o foi em grau superlativo, misoginia é outra muito diversa.

O equilíbrio de Medeia em seu primeiro grande discurso, em contraste com suas explosões anteriores, é uma discreta preparação para o encontro com o medroso e inseguro Rei Creonte, que vem bani-la de Corinto. O esforço, o autodomínio e a perfeita

---

18. BRANDÃO, J. *Alceste de Eurípides*. Rio de Janeiro: B. Buccini Editor, 1968.

dissimulação demonstrados no diálogo com o rei, de quem consegue, à base de súplicas, mais um dia para perpetrar sua vindita, vão explodir no primeiro dos três grandes monólogos com que a filha de Eetes, chamando-se pelo próprio nome, exorta-se a transformar a humilhação, a dor e a ignomínia no triunfo da vingança:

> *Medeia* – Vamos, pois, Medeia, não poupes recurso algum de teu saber em teus planos e artifícios! Caminha para a ação tremenda! É hora de combater com valentia. Vês como te humilham? Não te deves expor ao escárnio por causa do himeneu de uma descendente de Sísifo com um Jasão, tu, a filha de um pai nobre e da linhagem do Sol! (*Med.* 401-406).

Logo depois chega Jasão, ereto e frio. É o ἀγών, "agón", o formidável combate da peça. À sua frente posta-se Medeia, fervendo em ódio. Jasão, que não ama coisa alguma, continua gélido. Trata-se de um cínico que frequentou os bancos escolares dos sofistas e aprendeu-lhes perfeitamente a técnica verbosa, mas vazia. Seu raciocínio é perfeito, até no paradoxo: vai se casar com Creusa para salvar Medeia da ira de Creonte e para o bem dos filhos! Ele será rei e os filhos, de exilados, tornar-se-ão príncipes... Quanto a Medeia, ele, de fato, lhe deve alguma coisa, mas se o amor tem que ser agradecido, os agradecimentos devem ser feitos a Afrodite, que fez a esposa apaixonar-se por ele... O amor é gratuito ou não existe! Medeia já foi recompensada: tem o privilégio de residir não mais em terra bárbara, mas na Grécia, terra da justiça! De qualquer forma, está disposto a ajudá-la: com mão liberal lhe dará dinheiro e fará recomendações aos amigos.

> *Jasão* – Não é a primeira vez hoje, mas já frequentemente constatei que um humor irascível é um flagelo sem remédio. Tu poderias viver neste país e nesta casa, se suportasses de bom grado as decisões dos mais fortes. São tuas palavras insensatas que te expulsam desta terra. Quanto a mim, pouco me importo com elas: podes continuar a dizer

que Jasão é o pior dos homens. Mas, após tuas injúrias contra os soberanos, é até mesmo proveitoso para ti seres condenada ao exílio. Eu me esforçava sempre para dissipar a cólera do rei irritado e desejava que ficasses aqui [...] Entretanto, mesmo agora não reneguei os amigos: o que me traz aqui, mulher, é a preocupação com tua sorte. Não quero que sejas expulsa sem recursos com as crianças, nem que te falte algo (*Med*. 446-462).

Medeia – Crápula! É a pior injúria que minha língua possui para estigmatizar tua covardia. Vieste aqui, vieste, tu, meu maior inimigo. Não *há* bravura nem ousadia, após maltratar os amigos, em olhar de frente para eles. O pior de todos os vícios é o cinismo... (*Med*. 465-472).

E faz desfilar diante dos olhos gélidos de Jasão tudo quanto o amor outrora lhe inspirara, desde as vitórias nas terríveis provas a ele impostas por Eetes até o esquartejamento de Pélias.

O marido, todavia, pouco lhe deve. Afrodite e a Grécia já pagaram por ele...

Jasão – Quanto a mim, já que exaltas tanto teus serviços, julgo dever o êxito de minha expedição a Afrodite e a ninguém mais, seja deus, seja homem. Decerto teu espírito é sutil, mas relutas em dizer que Eros, com suas setas, te constrangeu a salvar minha pessoa [...] Pelo preço de minha salvação, porém, recebeste mais do que deste; vou me explicar: primeiro, a Grécia, em vez de uma terra bárbara, passou a ser tua morada; aprendeste a justiça e a saber viver conforme as leis e não mais sob o jugo da força...

Era a ofensa suprema, mas o cínico preocupa-se com os filhos também...

Mas queria, e é este o ponto capital, assegurar-nos uma vida próspera, isenta de privações, sabendo que todos os amigos fogem e se afastam do pobre. Queria também dar a meus filhos uma educação condigna de minha família e, dando irmãos a teus filhos, pô-los todos no mesmo nível e assim ser feliz pela união de minha raça (*Med*. 526-565).

A resposta de Medeia, como que falando para si própria, é, além de uma condenação à técnica retórica dos Sofistas, uma ameaça ao marido:

Medeia – Sem dúvida, em muitas coisas sou diferente de muitos mortais, pois, para mim, quem é ao mesmo tempo injusto e hábil no falar merece a maior das censuras: vangloriando-se de envolver a iniquidade em palavras hábeis, é com audácia que comete todos os crimes; mas sua habilidade não vai longe (*Med.* 579-583).

O cínico, todavia, é "altruísta e bom pai":

Jasão – Fica sabendo: não foi por causa de uma mulher que casei com a filha do rei, mas, como já disse, queria te salvar e dar a meus filhos irmãos reis que seriam o baluarte de minha casa (*Med.* 593-597).

Ao egoísmo de Jasão, Medeia responde com sua ideia fixa, o amor:

Medeia – Longe de mim uma felicidade funesta e uma prosperidade que me dilacerariam o coração! (*Med.* 598-599).

O grande diálogo se fecha como iniciou: a promessa de vingança de Medeia que ama Jasão, que ama "o trono de Corinto":

Jasão – Não discutirei mais contigo, fica sabendo. Mas se quiseres para teus filhos e para teu exílio receber a ajuda de minhas posses, fala. Estou pronto a te dar com mão liberal e a te recomendar a meus hóspedes que te acolherão bem... (*Med.* 609-613).

Medeia – Vai embora! Estás ansioso por rever tua nova esposa [...] Casa! Talvez, e os deuses ouvirão minha voz, estejas contraindo um casamento que renegarás (*Med.* 623-626).

Vale a pena ler e reler este longo diálogo, para se ter uma ideia do vigor com que Eurípides prepara a vingança de Medeia, partindo do cinismo de Jasão.

O aparecimento meio inesperado, em cena, de Egeu, rei de Atenas, e seu diálogo com Medeia, têm sido muito criticados por seu caráter episódico. A presença do rei, no entanto, de passagem para Delfos, é facilmente explicável dentro do contexto. Desde o v. 386, Medeia vem refletindo onde poderia exilar-se (já que na Cólquida seria impossível) após consumar-se a vingança. O diálogo franco com Egeu dá-lhe a resposta: Atenas, a democrática, refúgio dos que sofrem, que já acolheu Édipo, agora receberá Medeia. Com isso, o plano de vingança amadureceu por completo. Tão logo Egeu se retirou, Medeia revela ao Coro seu projeto diabólico: mandará chamar Jasão e, repetindo a cena de dissimulação com que enganou Creonte, dirá ao marido "com palavras amenas" que concorda com o seu casamento... Enviará à noiva, por intermédio dos filhos, um véu e uma coroa de ouro:

Medeia [...] Se ela aceitar estes adornos e com eles se enfeitar, perecerá horrivelmente e, com ela, quem a tocar: tal o poder dos venenos com os quais ungirei meus presentes! (*Med.* 787-789).

Ouvimos, em seguida, as palavras mais terríveis que talvez uma mãe tenha pronunciado: os filhos morrerão pelas mãos de sua própria mãe, para que Jasão sofra uma solidão mais aterradora do que aquela que lhe desejara:

Medeia – Mas aqui mudo meu modo de falar e gemo sobre o que terei de fazer a seguir, pois a meus filhos queridíssimos matarei e ninguém pode salvá-los. E, quando tiver aniquilado toda a família de Jasão, sairei desta terra, expulsa pelo assassinato de meus filhos bem-amados e pelo crime horrendo que tiver ousado cometer (*Med.* 790-796).

A uma intervenção de Corifeu,

Corifeu – Ousarás matar o fruto de teu seio, mulher? (*Med.* 816)

Medeia deixa patente sua intenção demoníaca:

Medeia – Assim ferirei, até o fundo, meu esposo (*Med.* 817).

O canto do Coro, que se segue, tem por finalidade exaltar Atenas, a terra hospitaleira que acolherá Medeia. O nome de Atenas nas duas primeiras estrofes do estásimo converteu-se no mais belo hino que se entoou à cidade de Sófocles e de Platão. Neste cântico à sua cidade querida é que se sente, mais que em outro qualquer lugar, aquela leveza do estilo euripidiano: as brisas hauridas nas águas mansas do Rio Cefiso são espargidas sobre a cidade pelos lábios perfumados de Afrodite. O Amor senta-se ao lado da Sabedoria. Nesta terra de céu azul nasceram as Nove Musas, filhas da loura Harmonia... O manto azul do céu da Hélade que cobre Atenas não tem substância, apenas acidentes.

Coro – Os atenienses sempre foram felizes: filhos de deuses, bem-aventurados numa terra sagrada e jamais conquistada, colhem os frutos dourados da sabedoria. Respirando o ar leve e diáfano, caminham com graça nesta terra onde outrora as santas Piérides, as Nove Musas, dizem, nasceram da loura harmonia.

Conta-se ainda que, nas águas suaves do Cefiso, Afrodite haure brisas amenas que esparge em seguida sobre esta cidade. Com uma coroa de rosas perfumadas sobre os cabelos manda os Amores se sentarem ao lado da Sabedoria, como assessores de todas as virtudes (*Med.* 824-845).

Jasão calma e tranquilamente, embriagado por antecipação com a felicidade que o aguarda no trono de Corinto, precipita-se na armadilha que Medeia lhe preparou. Os meninos, acompanhados do pai, levarão os presentes a Glauce e, no retorno, Medeia os matará.

Através do canto do Coro, seguimos as crianças em seu caminho e sabemos pelo Preceptor que a filha de Creonte recebeu com alegria os adornos fatídicos.

Agora já não poderá mais haver retrocesso e, num longo monólogo, Eurípides nos mostra Medeia perplexa diante de si mesma: o poder dos sentimentos maternos ergue-se contra a monstruosidade de seus planos, provocando na alma da personagem a última grande batalha que precede a ação. "A intensidade da representação de processos íntimos que se apresenta neste monólogo não tem paralelo na tragédia grega", como observa Albin Lesky[19], e nos mostra o ser humano aberto, desamparado de tudo e de todos:

Medeia [...] – Outrora, infortunada, depositei em vós minhas esperanças.

E agora essa doce esperança se desvanece. Despojada de vós, arrastarei uma vida de dores e sofrimentos e nunca mais vossos olhos queridos verão vossa mãe: partireis para uma outra forma de vida...

Ai! Ai! Por que voltais para mim vossos olhos, meus filhos? Por que estais sorrindo esse último sorriso? Que devo fazer? Falta-me a alma, mulheres, quando vejo o olhar sorridente de meus filhos.

Não, não poderia! Adeus, minhas resoluções! Será que, para amargurar o pai pela desgraça dessas crianças, devo duplicar minha própria dor? Não; isso não posso fazer. Adeus, minhas resoluções!... Mas, que sentimentos são esses?

Por acaso quero incorrer no escárnio, deixando meus inimigos impunes? Tenho que ousar. Que covardia é essa de abrir minha alma a moles cogitações?...

Tão violenta é a luta antagônica dessas forças que, por quatro vezes, a mãe infortunada modificou sua decisão. Medeia vê o olhar tranquilo e o sorriso manso de seus filhos e é tomada por estranha perplexidade. Mas, no fim, vence-a o demônio que lhe habita no peito:

---

19. LESKY, Albin. Op. cit., p. 174.

Não aguento mais olhar meus filhinhos. Sucumbo a meu infortúnio. Compreendo o crime que tenho a audácia de praticar, mas a paixão é mais forte que a razão... (*Med.* 1032-1080).

Quão distante está Ésquilo! Neste monólogo ficou bem claro que a dicotomia trágica não é mais *deus e homem*, mas que ambos residem no íntimo do ser humano. Em Eurípides, *Moira* foi substituída por *Éros*.

Todo o restante da imensa tragédia se desenrola linearmente, como uma absoluta necessidade fatídica. A longa fala do Mensageiro, narrando pormenorizadamente a morte terrivelmente dolorosa de Creusa e do Rei Creonte, enche Medeia de um júbilo satânico. Uma última palavra ao Coro, tentando justificar seu ato, e um derradeiro monólogo, em que a desventurada mãe fala com sua própria mão e tudo se consumou... O grito de morte das duas crianças em meio aos soluços do Coro, a chegada, tarde demais, de Jasão, para salvá-las e a fuga de Medeia num carro alado, enviado pelo deus Hélio. Um autêntico *deus ex machina*, criticado, como já se mencionou, na *Poética* de Aristóteles.

Na realidade, se o fecho é artificial e fora das normas aristotélicas, ele está em conformidade com "a revelação final do pensamento de Eurípides": Medeia não é apenas a esposa sanguinária e vingativa, mas uma figura que personifica as forças cegas e irracionais da natureza.

Trata-se, como desejam alguns críticos, de uma criminosa comum? De uma louca? Talvez uma grande dor possa responder por ela.

5
ARISTÓFANES

5.1 Comédia Antiga

A origem da Comédia Antiga é muito confusa e, por isso mesmo, extremamente controvertida. C. Maurice Bowra[20], em sua excelente *Introdução à literatura grega*, falando da origem da comédia, deixa bem claro que o problema é complexo, como aliás procuramos demonstrar em nossa tese de doutorado e, forçosamente, teremos que repeti-lo aqui, embora em linhas muito gerais.

> Não há dúvidas, acentua o mestre britânico, acerca da origem da palavra comédia. Provém do grego χωμῳδία, "komoidía", que significa canto de um grupo de foliões, mas isso não nos esclarece muito, uma vez que o χῶμος, "kômos", que significa, em termos de teatro, uma procissão alegre, podia celebrar-se em qualquer ocasião, convival ou festiva, sem relação alguma com a comédia.

> O que se deve deixar claro é que esta estava ligada, em suas origens, a esses grupos de foliões e que conservou algumas de suas características, mesmo depois de se haver tornado uma forma de poesia. O gênero já era conhecido em Atenas nos inícios do século V a.C. e o nascimento da comédia ática, na forma com que chegou até nós, deve-se à combinação de dois

---

20. BOWRA, C.M. *Landmarks in Greek Literature*. Londres: Weidenfeld and Nicolson, 1966, p. 271ss.

elementos completamente díspares: o antigo χῶμος, "kômos", ou dança cômica e determinadas farsas literárias. A verdade é que, originando-se, tanto quanto a tragédia, do culto dionisíaco, a comédia é o antônimo da tragédia, já que sua finalidade é contemplar a vida de um ponto de vista antitético.

As afirmações do grande helenista C. Maurice Bowra são indiscutíveis, mas incompletas. Como veremos um pouco mais adiante, é imprescindível distinguir o *kômos* popular, profano, do *kômos* dionisíaco, isto é, religioso.

A Comédia Antiga é realmente formada à base de dois elementos díspares: o *kômos* e a farsa. A esse respeito, Paul Mazon[21] oferece aos que procuram desvendar o quase mistério da gênese da Comédia Antiga uma visão muito pouco animadora:

> A antiga Comédia Ática, nos diz ele, é um gênero desconcertante. Sua origem nos parece, à primeira vista, um verdadeiro enigma. O motivo é simples: a Comédia Antiga combina elementos tão diversos, que a síntese, uma vez passadas as circunstâncias que lhe permitiram o surto, não pôde durar por muito tempo. De outro lado, a Comédia Antiga, no curso de sua breve existência, revestiu-se de formas tão flexíveis, que a unidade real do gênero é dificilmente perceptível pela crítica.

Aristóteles[22] define a comédia como oriunda dos cantos fálicos, o que parece confundir ainda mais o que já é muito pouco claro...

> Tendo nascido originariamente da improvisação (a tragédia e a comédia), aquela por parte dos que entoam

---

21. MAZON, Paul. La Farce dans Aristophane et les Origines de la Comédie en Grèce. In: *Revue de la société d'histoire du théâtre*. Paris: Jean Chaffiotte, 1951, 1, 7-18.
22. ARISTÓTELES. *Poétique*. — Texte établi et traduit par J. Hardy. Paris: Les "Belles Lettres", 1932.

o ditirambo e a comédia por parte dos que entoam os cantos fálicos, os quais, até hoje, são estimados em muitas cidades.

Apesar de ser muito discutida, e até mesmo contestada, a definição do Estagirita tem resistido, através dos séculos, a todas as críticas. A nosso ver, o que não se tem feito é a dicotomia, absolutamente necessária, para um estudo em profundidade das origens e estrutura da comédia, entre *kômos* e farsa. É o que vamos procurar fazer, mostrando que a definição concisa de Aristóteles pode ser perfeitamente esclarecida com a ajuda de C. Maurice Bowra, que também é incompleto, e sobretudo com as luzes do profundo artigo de Paul Mazon.

Tomando-se por base ao menos oito das onze comédias de Aristófanes, que chegaram até nós, pode-se verificar, de imediato, que a Comédia Antiga se divide em duas partes bem distintas: a primeira é um ἀγών, "agón", uma luta, um debate; a segunda é uma revista. A primeira comporta uma ação, com o prólogo, o párodo, o "agón" propriamente dito, a parábase e o êxodo, que foi deslocado para o fim da comédia; a segunda parte é uma série de *sketches*, que esclarecem o sucesso da ação desenvolvida na primeira. Nesta, o coro desempenha o papel de um verdadeiro ator; na segunda, ele é tão somente porta-voz do poeta, que caustica seus contemporâneos com as chicotadas de sua crítica mordaz e ferina. Ora, estas duas partes tão diferentes não podem ter a mesma origem: numa, o Coro desempenha o papel principal, na outra sua função é muito limitada e pouco importante. Em ambas, no entanto, encontramos a *farsa*[23], mas sob aspectos diversos. A presença da

---

23. A diferença entre farsa e comédia, consoante o *Dicionário de Termos Literários,* de Massaud Moisés, p. 228, estaria no grau: a farsa seria a extrapolação do cômico, "graças ao emprego de recursos grosseiros, como o absurdo, as incongruências, os equívocos, os enganos, a caricatura, o humor primário, as situações ridículas. A farsa dependeria mais da ação que do diálogo, mais dos aspectos externos (cenário, roupagem, gestos) que do conflito dramático".

farsa é sobretudo visível na *revista*, em que surge, muitas vezes, um desfile de tipos grotescos que vêm provocar o protagonista. Mais ainda: se suprimirmos o *êxodo*, com que se fecha a comédia, e colocarmos a *parábase*, perceberemos que esta é um divisor de águas na Comédia Antiga. *Parábase*, em termos de teatro, significa uma suspensão da ação e uma como que chamada dos espectadores à realidade, isto é, uma sátira que o poeta-cidadão faz contra os cidadãos, responsáveis política, social e religiosamente pela *polis*. Já se tentou explicar a parábase, quer como epílogo, quer como prólogo; segundo parece, a parábase foi introduzida não só para servir de conclusão provisória à primeira parte, quando esta ficou separada do êxodo pela criação da segunda, mas sobretudo para servir de marco às duas partes completamente diferentes da Comédia Antiga: a primeira, que provém do *kômos*, e a segunda, cuja origem inegável é a farsa dórica.

Aristóteles, na passagem supracitada da *Poética*, declara que a comédia primitiva era improvisada e provinha dos cantos fálicos. Ora, esses *cantos fálicos* acompanhavam as *Falofórias*, procissões solenes em que se escoltava um falo, símbolo da fecundidade e da fertilização da terra. Além do mais, deve-se observar que no vocábulo χωμῳδία, "komoidía", há um elemento que não é estranho à definição e à origem da *Comédia*: trata-se de χῶμος, "kômos", que tem muitos sentidos, mas o principal é o de *grupo de festas*, o que denominaríamos *cordão, bloco*, que, à noite, mascarado ou não, percorria as ruas, escoltando um falo. O *kômos* em Atenas tinha um valor ritual, pois figurava na procissão oficial das Dionísias Urbanas. Estas chamavam-se primitivamente χῶμοι, "kômoi", e os concursos cômicos figuravam com as mesmas honras ao lado dos concursos trágicos e líricos. A etimologia, portanto, que faz provir *comédia de* χῶμος, "kômos" = procissão jocosa + ὠδή, "oidé = canto + ἴα, "ía", χωμῳδία, "komoidía", pelo latim *comoedia*, dos "kômoi" dionisíacos, reconhecidos e tutelados pela religião do Estado, é certamente verídica.

É necessário, todavia, observar que a Grécia não conheceu apenas kômoi religiosos, como os anteriormente descritos. Havia outros também e de espécies diferentes. Em muitas cidades e aldeias da Hélade era hábito que jovens em determinados dias saíssem às ruas e batessem de porta em porta, solicitando prendas e outros donativos e aproveitassem a oportunidade para provocar os transeuntes, cobrindo-os, não raro, de motejos. Muitas vezes tinham animais e pássaros em suas mãos: peixes, corvos, andorinhas. Frequentemente se disfarçavam em animais, imitando assim os Kômoi Rituais, restos de cultos zoomórficos, em que os fiéis se assimilavam ao deus que celebravam. Não é isso mesmo, diga-se de passagem, uma explicação para a frequência dos coros cômicos compostos de animais, *rãs, vespas, aves*, Nas comédias aristofânicas?

Pois bem, essas duas espécies de *kômoi*, a religiosa e a profana, influenciaram-se mutuamente e o *kômos* das Grandes Dionísias fundiu traços tomados a essa dupla origem.

A tradição, pois, é bom que se repita, que faz nascer a comédia do *kômos* dionisíaco, escoltando ou não um falo – e aqui está a parte que faltava à definição aristotélica – é certamente verdadeira.

O que poderia causar estranheza a um "moderno civilizado" é a fusão do elemento religioso com o satírico e o profano. O fato, todavia, como deixa claro Paul Mazon, é bem documentado na Grécia Antiga. Muitas eram as festas em Atenas, em que a troca de expressões obscenas (para nós), a chamada αἰσχρολογία, "aiskhrologuía", isto é, ditos grosseiros e obscenos, era um rito tradicional. Tais festas eram de origem agrária e sua finalidade era provocar a fecundidade do solo por meio de cerimônias mágicas, que simbolizavam a união das mulheres com um demônio ctoniano, daí a presença do falo, como elemento básico do χῶμος. Uma coisa é certa, por mais paradoxal que nos possa parecer: o que de mais grosseiro existe na comédia é justamente o que ela deve à sua origem religiosa.

Até aqui a primeira parte da Comédia Antiga. Vamos, agora, à segunda, a revista ou uma série de *sketches*.

Os dórios, como é sabido, além da tragédia, reivindicavam também a origem do gênero cômico. É bem verdade que a comédia siciliana, com seu astro maior, Epicarmo (século VI a.C.), é bastante anterior a Aristófanes. Mas essa comédia, por seu tom e enquadramento político, é muito diferente da comédia aristofânica e, segundo se crê, pouca ou nenhuma influência exerceu sobre a Comédia Antiga.

A comédia de Mégara, também dórica, ao contrário, deve ter servido de modelo à segunda parte das comédias de Aristófanes e seus rivais. É inegável a presença do tom megarense em algumas cenas das comédias de Aristófanes. Da comédia de Mégara sabe-se pouco: deve ter sido uma farsa camponesa, de caráter áspero, grosseiro e violento. A caracterização básica de seus atores era um falo sobre um ventre enorme. O gênero, realmente, pouco tem a ver com a primeira parte da antiga comédia ática, cuja originalidade maior é o ἀγών, o debate, a batalha entre o Coro e o protagonista. Deve, isto sim, ter influenciado as cenas burlescas de que se compõe a segunda parte da Comédia Antiga.

Pode-se, assim, afirmar, com boa margem de acerto, que a primeira metade da Comédia Antiga é de origem ática, enquanto a segunda sofreu nítida influência da farsa dórica.

Em conclusão: a comédia nasceu do χῶμος, dionisíaco, que não é uma farsa, mas que, mesmo sob a forma ritual, comporta um elemento satírico e, por isso mesmo, recorre aos processos ordinários da farsa. De outro lado, a segunda metade da comédia, a revista, está muito próxima da farsa dórica, para que se possa negar uma influência desta sobre aquela.

Acrescente-se ainda que na primeira parte o prólogo sofreu nítida influência da tragédia e o debate no centro da peça trai manifesta influência sofística. O todo, como se vê, é um conjunto singularmente composto.

De qualquer forma, a definição aristotélica que faz provir a comédia dos cantos fálicos, quando muito, pela finalidade mesma da Poética, certamente um punhado de anotações, pode ser incompleta, mas nenhuma palavra se lhe pode tirar. O que disse o gênio da Estagira está correto.

A tragédia e a comédia são coetâneas, pois ambas são de fundo dionisíaco, mas a Comédia Antiga só apareceu oficialmente em 486 a.C., quando a tragédia já contava quase cinquenta anos de palco. O aparecimento da comédia surge tardiamente por motivos de ordem política interna de Atenas. É que sendo a Comédia Antiga uma sátira pessoal violenta, pois, como já se falou, houve uma verdadeira fusão do χῶμος, ritual com o popular, uma representação cômica, onde a política ocupava sempre um lugar de honra, só era possível num clima de liberdade absoluta. Ora, a democracia ateniense, esboçada em 594 a.C. por Sólon, com sua famosa σεισάχθεια, "seisákhtheia"[24], recebeu um grande impulso com Clístenes que, em 510 a.C., expulsou o

---

24. A situação dos devedores insolventes, sobretudo dos camponeses, no século VI a.C., piorava a olhos vistos. Como o dinheiro se emprestava sob hipoteca da pessoa humana, esses devedores, mais dias menos dias, eram escravizados pelos Eupátridas. Era iminente uma revolução social, quando Sólon, com sua reforma, alicerce da democracia ateniense, entre várias outras medidas, promulgou a *seisákhtheia*, ou abolição das dívidas públicas e privadas, proibindo ao mesmo tempo qualquer empréstimo com garantia da pessoa.

último dos tiranos, Hípias, filho de Pisístrato, e foi consolidada em definitivo por Efialtes e Péricles, quando então a Comédia Antiga chegou a seu apogeu. A partir daí, como em nenhum outro país do mundo, houve (e cremos que nunca haverá) tão inaudita liberdade de palavra como em Atenas. É que, a par do senso humorístico do caráter ático, a comédia era, como afirma Victor Ehrenberg[25], uma questão interna do povo soberano que gozava de completa παρρησία, "parresía", isto é, de absoluta liberdade de palavra.

Em uma *polis* grega nenhum cidadão era particular, sobretudo em se tratando de um poeta dramático, um cidadão que falava e admoestava a cidadãos para os perigos que representavam para a *polis* determinados cidadãos. Pois bem, Aristófanes (porque de seus predecessores, Magnes, Cratino e Crates, quase nada chegou até nós) que é a grande estrela da Comédia Antiga, viveu e escreveu ao menos oito das onze peças que até nós chegaram nesse clima de παρρησία, de absoluta liberdade de expressão com que a democracia presenteou o século V a.C. em Atenas, com justiça cognominado o século de Péricles.

5.2 Aristófanes

Ateniense do século V a.C., Aristófanes nos deixou onze comédias e é somente através delas que se pode não apenas fazer um juízo da comédia ática, mas ainda e sobretudo um levantamento das ideias básicas do maior cômico de todos os tempos.

Não é fácil descobrir nas comédias aristofânicas uma sistemática filosófica, ética, política, religiosa ou mesmo literária, porque salta aos olhos o que o poeta ataca, mas não precisamente o que

---

25. EHRENBERG, Victor. *L'Atene di Aristofane*. Firenze: La Nuova Itália, 1957.

ele defende. O que Aristófanes condena e satiriza não são propriamente os sistemas, mas os abusos que se introduziram nesses sistemas. O poeta, quando critica a democracia, não é bem a democracia a que ele visa, mas ao regime ultrademocrático de Atenas com todos os vícios que lhe eram inerentes. Em política, diga-se logo, o autor de *As rãs* parece ter sido um intérprete da classe rural. Partidário intransigente da paz, tema por ele desenvolvido em várias de suas peças (*Os acarnenses, A paz, Lisístrata...*) será que a paz a que aspira o poeta era aquela que, unificando todos os gregos, pudesse fazer da Hélade um baluarte contra seus inimigos externos? No fundo certamente é também isto, já que a paz, que o poeta propõe, é sem elevação: a paz aristofânica é uma vida farta, a alegria que se estampa no rosto do camponês bem nutrido. Em arte e filosofia, bem como em religião e política, o autor de *As nuvens* considerava sua época inteiramente errada e perigosa, mostrando-se, por isso mesmo, como diria Horácio, *laudator temporis acti*, um apologista do passado. Aristófanes foi indubitavelmente um intérprete no teatro daquilo que se pensava e não se dizia, ou se dizia em voz baixa na Ágora, porque não se tinha a coragem de dizê-lo em voz alta nas tribunas.

Os políticos de Atenas, Cleão, Cleofonte, Hipérbolo, são vergastados com uma audácia e linguagem, que não se admitiriam hodiernamente nos países mais democráticos do mundo, conforme se pode testificar em *As rãs, Os cavaleiros, Lisístrata, As vespas, As aves...* Cleofonte, Cleão, Hipérbolo e, em parte, também Péricles, não passam de charlatães vulgares que apodreceram o povo com o vírus da demagogia. A Assembleia, os Tribunais e os Magistrados são os venais que substituíram a toga da justiça e da cultura pelos farrapos da conveniência política e da ignorância. Os sofistas, com sua filosofia, sua argúcia e educação nova, encontraram no poeta de *Os cavaleiros* um catão mordaz e inexorável. Em religião e arte os responsáveis pelas inovações que lançaram por terra uma civilização de quatro séculos são sempre os mesmos: os Sofistas, Sócrates e Eurípides. O grande filósofo do diálogo, um antissofista por excelência, é para Aristófanes o venal, o sofista que ensinou em *As nuvens* que o justo e o injusto têm o mesmo peso e medida. O grande poeta de *Medeia* é o representante no teatro do espírito chicaneiro e dialético que abalou os nervos da cidade. Novos deuses se introduziram por meio do filósofo e do poeta que substituíram a grandiosa e tradicional mitologia da Hélade com seus mistérios seculares e lendas sagradas por divindades abstratas, tais como *Língua, Ar, Éter, Persuasão*, segundo se pode verificar em *As rãs, As nuvens, As vespas...*

Militaria a razão em favor de Aristófanes? É mister não exagerar. Claro que o poeta muitas vezes tem a razão e a verdade a seu lado, sobretudo quando satiriza os sofistas, os demagogos, a ignorância, a venalidade e a cupidez dos juízes de Atenas, mas a finalidade precípua da poesia cômica é fazer rir. E, como agudamente escreve M. Bowra, Aristófanes se propôs divertir. O mundo de suas criações vive em função de seu próprio absurdo e, embora tenha por alicerce a vida real, seu enorme dinamismo procede do desafio às normas e às limitações impostas pela mesma. Para o poeta de *As rãs*, o riso é um fim em si mesmo, um fim absoluto. O grande cômico oferece, dessa maneira, a seus espectadores, estreitamente limitados pela natureza humana e o controle divino, uma evasão imaginária de tais restrições. Sob esse aspecto a comédia aristofânica é um desafio à doutrina do meio-termo tão diligentemente inculcada pela moral grega. Na realidade, os gregos, de Homero a Luciano de Samósata, viveram tropeçando em γνῶθι σαυτόν, conhece-te a ti mesmo, μηδὲν ἄγαν, nada em demasia, e μέτρον, a medida, o meio-termo...

Extrapolando a realidade, o poeta arrasta seus espectadores para um mundo imaginário, onde o onírico anda de mãos dadas com a distensão...

De outro lado, se a comédia nasce e vive no reino da ironia, que, as mais das vezes, vai desaguar na sátira, isto é, nas coisas imaginadas piores do que realmente o são, Aristófanes soube genialmente exagerá-las e atingir, com isso, o fim colimado. Com esse tipo de sátira exagerada, pondo em foco os defeitos dos mais importantes de seus contemporâneos, abriu os olhos dos atenienses para os homens que os governavam e para as inovações perigosas que, a seu ver, poderiam conduzir Atenas para uma catástrofe inevitável.

A comédia aristofânica, por seu caráter mesmo, é um gênero especial que sempre precisou, como já frisamos, de um clima especial para viver. Extinta a democracia plena do séc. V a.C., passadas as circunstâncias que permitiram o surto e o triunfo da Comédia Antiga, esta propriamente não evoluiu, mas desapareceu com Cratino, Êupolis e Aristófanes. E com Aristófanes e sua comédia genial, por triste coincidência, desapareceu também a grandiosa Atenas democrática de Sólon, Clístenes, Efialtes e Péricles.

A comédia *As rãs* é o canto de cisne da Comédia Antiga.

5.3 As rãs

A comédia *As rãs* foi encenada nas Leneanas[26], em 405 a.C. Classificando-a em primeiro lugar, o público ateniense exigiu-lhe uma segunda representação, coisa raríssima no Teatro Grego.

---

26. As representações dramáticas na Hélade, mas sobretudo em Atenas, faziam-se em três épocas, por ocasião das festas dionisíacas: as Dionísias urbanas celebravam-se na primavera, fins de março; as Leneanas tinham um

A parábase[27] da peça serve de marco para separar as duas partes inteiramente distintas da comédia. A primeira parte, burlesca e fantástica, é a viagem de Dioniso (após as necessárias informações fornecidas por Héracles) ao Hades, em companhia de seu escravo Xântias; a segunda, de feição ética e literária, é um confronto entre os dois grandes trágicos, já falecidos, Ésquilo e Eurípides. A segunda parte da parábase tem cunho radicalmente político. O laço que une estes três elementos e explica a finalidade da comédia em pauta encontra-se nos acontecimentos políticos, sociais, religiosos e literários da época.

Se externamente Atenas estava empenhada na *Guerra do Peloponeso* (432-404 a.C.), internamente a sua situação política não era das melhores. De 411, data em que Aristófanes compôs as *Tesmofórias*, a 405, quando foram representadas *As rãs*, Atenas foi agitada e apodrecida pela oligarquia. Quatro governos sucederam-se no poder nesses seis anos. A democracia solonina fora substituída pela facção oligárquica dos *Quatrocentos*. Esse governo de terror concluiu um tratado vexatório com Esparta e provocou o afastamento de Eubeia da Liga Ateniense[28].

---

caráter mais local e celebravam-se no inverno, fins de janeiro; as Dionísias rurais ocorriam nos últimos dias do mês de dezembro, nas aldeias da Ática.

27. Na parábase o coro, despindo as vestimentas cênicas e arrancando as máscaras, recobrava sua verdadeira personalidade e, virando-se para os espectadores, interpelava-os em seu nome ou em nome do poeta. Em si a parábase divide-se em duas partes: na primeira, que é a parábase propriamente dita, o poeta fala diretamente com o público, apresenta-lhe suas queixas e reclamações e pede-lhe que não o considere inferior a seus rivais dizendo-se, ao mesmo tempo, o mais cordial e afável dos conselheiros; na segunda, o coro fala ainda em nome do poeta, não mais como autor e sim como cidadão: à crítica literária substitui-se a sátira política.

Em *As rãs* falta, infelizmente, a primeira parte da parábase.

28. Após as batalhas de Salamina (480) e Plateias (479), em que os gregos venceram os persas, Atenas tratou de fortificar-se externamente, formando a célebre *Confederação de Delos* (477), assim chamada porque a minúscula Ilha de Delos foi o centro da Liga. As cidades confederadas contribuíam anualmente com navios, dinheiro e com soldados, em caso de guerra.

O terror felizmente foi efêmero. Quatro meses e meio depois, de maio a setembro de 411, os *Quatrocentos* foram substituídos pelos *Cinco mil*, cuja constituição, no dizer de Tucídides, era "uma sábia combinação da oligarquia e da democracia".

Os direitos cívicos foram assegurados e o salário da magistratura abolido. Também esse estado de coisas não durou muito. Em 410 a oligarquia implantou-se novamente no poder. O demagogo Cleofonte, sucessor dos tiranos Cleão e Hipérbolo, não só restabeleceu todos os salários supressos pelos *Cinco mil*, mas também instituiu uma gratificação de guerra, a *diobelia*. Com Cleofonte voltaram as perseguições, a violência e sobretudo a inflação.

Com as desordens, lutas internas e externas, corria paralelo o enfraquecimento do império ateniense, tão penosamente garantido e mantido pela dedicação do comandante das forças da Liga, Címon. A cidade de Palas Atená sacrificava as suas melhores reservas para obrigar as cidades aliadas, que haviam desertado, a manterem o pacto estabelecido na Confederação de Delos.

Atenas, política e militarmente acéfala, precisava de um chefe. Alcibíades, temporariamente brigado com Esparta, procurava retornar a Atenas. Após sua retumbante vitória em Cízico (410) sobre o almirante espartano Míndaro, Alcibíades foi chamado de volta a Atenas e nomeado generalíssimo. Um ano apenas permaneceu ele em solo ateniense. Com a derrota de um seu lugar-tenente em Nócion, Alcibíades foi novamente exilado. Enquanto isso, o astuto general Lisandro preparava Esparta para uma desforra. Cônon, general ateniense, foi sitiado em Metimna. À custa de promessas de direito de estado a escravos e a metecos foi que Atenas conseguiu, num derradeiro esforço, equipar uma nova armada. Dez generais, à frente dessas tropas improvisadas, derrotaram os espartanos nas Ilhas Arginusas, em 406, e suspenderam o bloqueio de Metimna.

O prêmio da vitória, porém, foi macabro: Cleofonte repeliu as propostas de paz de Esparta e condenou à morte oito dos generais vencedores. Seis, que estavam presentes, foram imediatamente executados. O pretexto, porque não tiveram absolutamente culpa, foi de não haverem recolhido os náufragos e sepultado os cadáveres... Mortos os generais, a armada ateniense mergulhou no ócio e na inatividade. Esparta preparava a vingança a toque de caixa.

Foi nessas graves e dolorosas circunstâncias que Aristófanes, pondo de lado toda e qualquer prevenção pessoal, colocando-se acima dos partidos, sonhou de olhos abertos com a salvação de Atenas e o interesse público. Um só homem, não obstante sua ambição e desejo de mando, podia, a seu ver, salvar Atenas: Alcibíades.

Literária e religiosamente o quadro era o mesmo. Eurípides falecera em 407; Sófocles em 406 e Ésquilo, o inegavelmente preferido de Aristófanes, já estava morto havia mais de cinquenta anos. Melpômene era representada por um grupo de poetas medíocres, encabeçados por Iofonte, filho de Sófocles. Fazendo um cotejo da Atenas democrática, militar, religiosa e literariamente gloriosa de anos atrás com a Atenas de seus dias, um espírito conservador como o de Aristófanes só poderia estabelecer "entre essas duas ordens de ideias uma estreita relação de causa a efeito". Se no momento, porque não havia outro melhor, Alcibíades representava para o poeta o protótipo do estadista, ou melhor, do salvador; se Ésquilo era a marca de uma época de glórias, do ponto de vista militar, literário e religioso, Cleofonte era o flagelo da democracia, e Eurípides, o poeta inovador, espelhava a corrupção religiosa e a decadência literária.

Foi esse tema político-literário que lhe inspirou a comédia *As rãs*.

5.3.1 Argumento

– *Dioniso* ou Baco, deus do teatro, resolve descer até o Hades para trazer novamente à luz o poeta Eurípides, uma vez que, em Atenas, não havia mais poetas trágicos de valor.

Disfarçado em *Héracles* com uma pele de leão sobre uma vestimenta de mulher, uma clava nas mãos, de coturnos, Dioniso, em companhia de seu escravo Xântias (Quixote e Sancho Pança!), dirige-se primeiramente à casa de *Héracles* para pedir-lhe informações e conselhos a respeito da viagem e da topografia lá de baixo, já que o filho de Alcmena outrora descera também ao Orco. Toma, a seguir, a barca de Caronte e começa a travessia – ele e Caronte, porque Xântias... foi a pé e correndo! Segue-o o coro das *rãs* (donde o título da comédia) com o seu coaxar incessante: brekekekéx, koáx, koáx! ... Elas haviam de arrepender-se desse koáx!... Após muitas aventuras e situações ridículas, destinadas a prender a atenção dos espectadores (*Captatio benevolentiae*), para o verdadeiro assunto da peça, que vai começar, Baco e Xântias chegam ao reino de Plutão, em cujo palácio entram, não sem muitas discussões e chicotadas...

– Na parábase (2ª parte), o Coro, após interpelar Cleofonte e aconselhar a cidade, começa a pedir a igualdade de todos os cidadãos, o término do regime do terror e a anistia para os que trabalharam ao lado dos Quatrocentos, visando, sobretudo, à união de todos, para que se equipe uma esquadra poderosa. Interpela-os em nome do mesmo sangue que lhes circula nas veias. O coro, que fala em nome do *cidadão* Aristófanes, exige que se forme em Atenas uma só família, com os mesmos direitos e deveres.

– Xântias, já no interior do palácio de Plutão, ouve gritos e insultos. Tratava-se de Ésquilo e Eurípides que disputavam o trono da Tragédia nos Infernos. É que Eurípides, ao chegar ao reino dos mortos, exibiu-se diante dos ladrões, dos arrombadores, dos parricidas e estes, entusiasmados com seus trocadilhos e argúcias, exigiram para ele o sólio da Tragédia. Eurípides, exaltado, apossou-se do trono, ocupado por Ésquilo. O deus do teatro, como bom conhecedor da "arte", é eleito árbitro. Os dois adversários dissecam a tragédia em sua presença: discutem *prólogos, lirismo, estilo, linguagem, moralidade das personagens*...

Dioniso, de acordo com o desejo de Ésquilo, faz trazer uma balança e inicia a pesagem das peças de ambos, verso por verso. Ésquilo vence sempre... É que o poeta da *Oréstia* recitava sobre o prato da balança *versos molhados*, como faziam os mercadores com a lã! Quanto a Eurípides, seus versos eram alados... Por fim, o filho de Sêmele submete-os a uma derradeira prova: quer saber-lhes a opinião sobre Alcibíades, sobre como salvar a cidade e restabelecer a paz e os coros sagrados. Sob veementes protestos de Eurípides, Baco decide-se em favor de Ésquilo, que, apesar de obscuro às vezes, não é um tagarela contumaz, porque não se senta ao lado de Sócrates, para comungar das ideias dos sofistas...

O poeta de *As Eumênides* deverá retornar à luz. Na sua ausência e, de acordo com a sua própria vontade, o sólio trágico será ocupado interinamente por Sófocles. Por intermédio de Ésquilo, Plutão manda a Cleofonte e a seus satélites "uma delicada mensagem", acompanhada de todos os *instrumentos necessários* (cicuta, cordas, espadas...): que morram o mais depressa possível! O Coro, desejando-lhes boa viagem, faz votos que Atenas se liberte das calamidades da guerra. Quanto ao demagogo Cleofonte, e a seus asseclas, desejosos da guerra, que desapareçam da cidade... através da cicuta, de uma corda ou da espada!

5.4 A tragédia é analisada no Hades

A primeira parte de *As rãs*, conforme já se mencionou, é a viagem fantástica de Dioniso e seu escravo Xântias ao Hades, com a finalidade específica de trazer de volta à vida um poeta trágico, já que Baco não tem mais quem o represente nas Dionísias. Ironicamente, o que decerto fez gargalhar o público, o deus do teatro afirma que vai ao Hades ressuscitar Eurípides, por estar morrendo de saudades de seus trocadilhos e malabarismos...

Baco – Pois bem, um desejo semelhante devora-me com relação a Eurípides.

Héracles – Mas, assim, por aquele que já morreu?

Baco – Sim, e ninguém conseguirá dissuadir-me de ir procurá-lo.

Héracles – No fundo do Hades?

Baco – Sim, por Zeus, e mais embaixo ainda, se algo existe abaixo do Hades.

Héracles – Com que finalidade?

Baco – Preciso de um poeta hábil, porque uns não existem mais e os outros são medíocres (*As rãs*, 66-73).

Por desconhecer o caminho que leva ao Hades e a topografia do mesmo, *apesar de ser deus*, Dioniso resolve pedir minuciosas informações ao filho de Alcmena, uma vez que este já estivera por lá. De coturnos, calçado privativo da tragédia; uma clava nas mãos, uma pele de leão sobre os ombros, adornos usados por Héracles, com um longo vestido amarelo, cor privativa das prostitutas atenienses, em adiantado estado de gravidez, a figura de Baco é de um ridículo incrível. Em se tratando de um deus, fica patente o desrespeito com que Aristófanes trata as divindades, o que é uma contradição com as críticas ferinas que o poeta faz ao "ateísmo" de Eurípides. Aliás, na peça inteira, Baco, além de poltrão, covarde, lascivo e mentecapto, é o retrato mordaz que o poeta faz do público ateniense.

Héracles – Oh! Não, por Deméter, não posso deixar de rir! Embora morda os lábios, não posso conter o riso.

Baco (irônico) – Ó homem divino, aproxima-te. Tenho algo a pedir.

Héracles – Não, não é possível conter o riso, quando vejo uma pele de leão sobre um vestido de mulher! Que significa isto? Que relação existe entre um coturno e uma clava? Por que terras andaste? (*As rãs*, 42-45).

A travessia que faz Dioniso dos rios infernais na barca de Caronte é uma das partes mais burlescas da peça e onde se pode observar, além do incrível poder de invenção do poeta, seu talento de cômico inexcedível. O diálogo é rápido e direto:

Caronte (a Baco) – Senta-te junto ao remo. Se algum outro deseja atravessar, que se apresse. (*A Baco*) Êh! Que fazes?

Baco – Que faço? Que deveria fazer se não sentar-me junto ao remo, como ordenaste?

Caronte – Queres sentar-te aí, não é, barrigudo?

Baco – Já estou.

Caronte – Queres colocar os braços para frente e esticá-los?

Baco – Pronto!

Caronte – Não te finjas de tolo: baixa os pés e rema com vontade!

Baco – Como poderei remar? Não conheço o ofício, nem estive em Salamina.

Caronte – Muito facilmente. Logo que pegares o remo, ouvirás cantos dulcíssimos.

Baco – De quem?

Caronte – Das rãs-cisnes. Cantos admiráveis.

Baco – Muito bem, comanda a manobra.

Caronte – O opop! O opop!

As rãs – Brekekekéx, coáx, coáx, brekekekéx, coáx, coáx. Lacustres filhas das fontes, façamos ouvir o clamor harmonioso de nossos hinos, meu canto de doces acordes, coáx, coáx [...].

Baco – Quanto a mim, começo a não me sentir muito bem no ânus, ó coáx, coáx!

As rãs – Brekekekéx, coáx, coáx.

Baco – Para vós isto tem pouca importância.

As rãs – Brekekekéx, coáx, coáx.

Baco – Cuidado, podeis estourar com esse coáx! Nada mais sois além de coáx.

As rãs – Naturalmente. Tens muitas outras preocupações. Eu sou querida das musas, de belas liras, do cornípede Pã, que se delicia em tocar flauta [...] Brekekekéx, coáx, coáx.

Baco – E eu estou com bolhas nas mãos e já de há muito meu traseiro sua. Daqui a pouco, de tanto se abaixar, ele acabará dizendo...

As rãs – Brekekekéx, coáx, coáx.

Baco – Vamos, raça melodiosa, calai-vos!

As rãs – Pelo contrário, cantaremos ainda com mais força [...].

Baco (furioso) – Brekekekéx, coáx, coáx (*peida ruidosamente*). Eis o que aprendi convosco!

As rãs – É uma indignidade. Para as atuais circunstâncias a ofensa é muito grave.

Baco (a plenos pulmões) – Brekekekéx, coáx, coáx. Não me vencereis! (*As rãs*, 197-262).

A entrada de Baco no Coro ruidoso do *Brekekekéx, coáx, coáx*, acabou por silenciar as rãs. O diálogo foi o tempo necessário para que a barca de Caronte atracasse nas verdejantes planícies do Hades, onde o Coro dos iniciados, à maneira de um kômos, parodia liricamente a procissão dos iniciados nos Mistérios de Elêusis.

A primeira parte da comédia termina com a cena nada edificante da entrada de Baco e Xântias no "palácio de Plutão", onde mais uma vez Aristófanes nos retrata um Dioniso bem inferior, até mesmo higienicamente, a seu escravo Xântias...

A segunda parte da *parábase*, de cunho político, é um apelo à conciliação e ao retorno ao estado de direito, a fim de que Atenas possa, unida, medir forças com o inimigo comum, Esparta.

> *Corifeu* – É justo que o coro sagrado se torne útil à cidade, com seus conselhos e ensinamentos. Fazemos votos, primeiramente, que se restabeleça a igualdade dos cidadãos e se afastem os motivos de temor. Se alguém errou, iludido pelas manobras de Frínico[29], acho que se deva conceder aos que se enganaram, após serem absolvidos, o perdão a seus erros do passado. Julgo também que cidadão algum deva ser privado de seus direitos [...] Vamos, aplacai vossa cólera, vós que sois naturalmente sábios. De todos os homens façamos, de bom grado, uma família com os mesmos direitos; façamo-los nossos concidadãos, se conosco tomaram parte em combates navais. Se a esse respeito nos mostrarmos arrogantes e altivos, sobretudo agora, quando nossa cidade está "à mercê das ondas", no futuro passaremos por insensatos (*As rãs*, 686-705).

Já no interior da residência do rei do inferno, Xântias primeiro, e Baco depois, tiveram conhecimento de uma verdadeira sedição provocada por Eurípides e seus sequazes no Hades. O motivo da revolta é relatado a Xântias por um escravo de Plutão:

> *Escravo* – Eurípides, logo que aqui chegou, exibiu-se diante dos ladrões de capotes, dos mais astutos larápios, dos parricidas e dos arrom-

---

29. Frínico, general ateniense que tentou restabelecer o governo oligárquico dos Quatrocentos. Morreu assassinado, após infrutífera tentativa de paz com Esparta.

badores de muros, dos quais há grande profusão no Hades... Eles, ouvindo-lhe as sutilezas, os artifícios e os torneios, apaixonaram-se loucamente por seus versos e julgaram-no o mais hábil. Então, exaltado, Eurípides apossou-se do trono que Ésquilo ocupava (*As rãs*, 773-778).

Diante de um fato tão grave, Plutão resolveu instituir um debate, um concurso entre os dois grandes trágicos, para saber quem merecia ocupar entre os mortos o trono da tragédia, já que Sófocles, por ser acomodado, abrira mão do mesmo. Ninguém melhor que Baco, deus do teatro, para ser o árbitro da contenda, tanto mais quanto o filho de Sêmele fora ao Hades exatamente para trazer de volta à luz o melhor dos trágicos... Eurípides!

O debate, que não é apenas literário, mas também político, ocupa toda a segunda parte da comédia. O confronto literário entre os dois grandes trágicos é sumamente importante, porque, apesar da forma parodiada com que Aristófanes apresenta os versos de Ésquilo e Eurípides, das prevenções pessoais do grande cômico e de recursos extravagantes, como o de pesar numa balança os "versos molhados" do primeiro e "levíssimos" do segundo, a disputa se constitui num documento de alta valia acerca das concepções estéticas e o gosto literário do século de ouro da literatura grega.

O início do debate define logo as posições: Ésquilo, o preferido, é o poeta austero, tradicionalista e religioso, mas cujo estilo "pródigo, enfático", grandíloquo, e não raro hermético, é também criticado por Aristófanes; Eurípides é o inovador, o dessacralizador do mito, o imoral, o sofista, cujo estilo vazio é mais leve que a sombra das nuvens...

Eurípides (a Baco) – Não, não abrirei mão do trono! Não venhas com admoestações, acho que sou superior a Ésquilo na tragédia.

Baco – Ésquilo, por que te calas? Compreendes bem o que ele disse?

Eurípides – Primeiramente tomará um aspecto grave, como sempre fazia em suas tragédias, com o fito de impressionar.

Baco – Com a breca, não sejas tão presunçoso!

Eurípides – Conheço-o e venho analisando-o há muito tempo, esse criador de caracteres ferozes. Conheço sua linguagem altiva, desenfreada, pródiga, enfática, um falastrão, um arquiteto de palavras sonoras.

Ésquilo – Verdadeiramente, ó filha da deusa... agreste! És tu que me tratas assim, colecionador de asneiras, fabricante de mendigos, remendão de andrajos! Arrepender-te-ás, porém, de usar semelhante linguagem!

Baco – Basta, Ésquilo [...].

Ésquilo – Não antes de mostrar até a evidência o que vale esse insolente, esse fabricante de coxos!

Baco – Um cordeiro, um cordeiro negro, meninos! Ide buscá-lo, porque está prestes a desencadear-se um furacão.

Ésquilo – Ó colecionador de monodias cretenses e introdutor, em tua arte, de sacrílegos himeneus... (*As rãs*, 830-851).

É necessário, no entanto, não transformar a crítica de Aristófanes numa paródia grotesca e exagerada. O fundo da discussão é sério e exprime a base do pensamento aristofânico, isto é, a convicção de que a poesia deve ter no Estado uma função educativa. Um espírito conservador como o seu via obrigatoriamente Ésquilo como esteio dos valores antigos, o sacerdote de uma arte severa e religiosa, que alimentava o espírito dos espectadores com as virtudes e a coragem de Maratona e Salamina. Eurípides, ao revés, impregnado de cultura sofística, submeteu a uma crítica dissolvente os princípios tradicionais da moral e da religião; colocou em cena a vida quotidiana e teve a audácia de mostrar os deuses e os heróis numa escala bem abaixo dos simples mortais, com todos os seus vícios e deformações.

Eurípides – Logo depois ensinei a estes (*mostrando os espectadores*) a arte de tagarelar...

Ésquilo – Estou de acordo. Mas por que não te arrebentaste antes?

Eurípides – ... o manejo de regras delicadas, ensinei-lhes a medir o verso com o esquadro, a refletir, observar, compreender, amar a versatilidade, urdir, suspeitar, pensar em tudo...

Ésquilo – De acordo...

Eurípides – ... introduzindo no teatro cenas da vida doméstica, coisas que nos são usuais e familiares e nelas fundamentava minha crítica; desse modo os espectadores, a par dos fatos, podiam fiscalizar a minha arte... (*As rãs*, 954-962).

Um pouco mais adiante Aristófanes deixa claro seu pensamento acerca da missão educativa da arte. *As rãs* constituem, na literatura grega, o primeiro documento explícito a esse respeito. A concepção platônica, aliás diferente, virá bem mais tarde.

Ésquilo – Indignado estou com este encontro. Fervem minhas entranhas só em pensar que tenho de retorquir a este homem. Mas, para que ele não venha a dizer que me engasguei (*a Eurípides*), responde-me: sob que aspecto se deve admirar um poeta?

Eurípides – Por sua inteligência e admoestações, porque nossa missão é tornar os cidadãos melhores.

Ésquilo – Se não fizeste isto, mas se de honestos e generosos que eram tu os tornaste corruptos, que castigo, dize-o, que castigo terias merecido?

Baco – A morte [...].

Ésquilo – Vê bem que homens recebeu ele de mim, no início: homens valentes, de elevada estatura e não cidadãos que se furtam ao cumprimento do dever, os ociosos das praças públicas, os embusteiros, como se veem hoje, nem os intrigantes, senão os apaixonados pelas lanças, pelos capacetes de penachos brancos, elmos, grevas – corações revestidos de sete peles de boi.

Baco – E como conseguiste fazê-los assim tão valentes? [...].

Ésquilo – Compus um drama cheio de Ares.

Baco – Qual?

Ésquilo – *Os sete contra Tebas.* Todos os homens que assistiram a ele arderam em furor bélico.

Baco – Nisto obraste mal. Apresentaste os tebanos como mais bravos na luta [...].

Ésquilo – Eis aí os assuntos de que devem tratar os poetas. Vê como desde a mais remota antiguidade se mostram úteis os vates que tinham nobreza de alma. Orfeu nos ensinou os mistérios e a abstenção dos assassínios; Museu, a cura das doenças e os oráculos; Hesíodo, os labores campestres, as estações dos frutos, o trabalho em geral; e o divino Homero, por que desfruta também honra e glória, se não por ter ensinado coisas úteis: estratégia, virtudes bélicas e os equipamentos dos soldados?

Baco – As lições dele, todavia, não aproveitaram a Pântacles, um inepto consumado [...].

Ésquilo – ... Jamais, por Zeus, coloquei em cena Fedras prostituídas, nem Estenebeias e ninguém poderá citar em meus versos mulher alguma enamorada.

Eurípides – Sim, por Zeus, não tens uma única parcela de Afrodite.

Ésquilo – Oxalá eu jamais a tenha! Sobre ti e sobre os teus ela pesava tanto, que chegou mesmo a lançar-te por terra!

Eurípides – E que dano, ó miserável, causaram à cidade as minhas Estenebeias?

Ésquilo – Nobres esposas de nobres esposos foram por ti arrastadas a beber cicuta, por se terem perdido, graças aos teus Belerofontes!

Eurípides – Sim ou não: é fictícia a história de Fedra, que eu compus?

Ésquilo – Não, por Zeus, é verídica. O dever do poeta, porém, é ocultar o vício, não propagá-lo e trazê-lo à cena. Com efeito, se para as crianças o educador modelo é o professor, para os jovens o são os poetas. Temos o dever imperioso de dizer unicamente coisas honestas... (*As rãs*, 954-1056).

Da crítica à *parte moral* das tragédias euripidianas e da exaltação da *austeridade esquiliana* Aristófanes envereda pela sátira à parte técnica, criticando em Eurípides as sutilezas de forma e de concepção, os artifícios cênicos e as extravagantes inovações musicais.

Evidentemente Aristófanes não foi um bom profeta, ao sentenciar que a poesia de Eurípides morrera com ele:

Baco – E tu, Ésquilo, o que pensas fazer? Fala.

Ésquilo – Não queria discutir aqui, porque entre nós dois a luta é desigual.

Baco – Por quê?

Ésquilo – Porque minha poesia não morreu comigo e a de Eurípides morreu com ele; ele não terá, portanto, o que recitar. Mas, se assim o desejas, mister é fazê-lo (*As rãs*, 866-871).

Eurípides teve uma influência enorme sobre a literatura grega posterior, prolongou-se com Ênio, Pacúvio e Sêneca na literatura latina e perpetuou-se na literatura clássica ocidental.

O próprio Aristófanes, que tanto lhe criticou o "estilo aéreo e doméstico", imitou de tal forma os torneios estilísticos e as inovações do poeta de Medeia, que foi ironicamente cognominado por um seu competidor, o excelente cômico Cratino, de *euripidaristofanizante*.

A disputa política da peça reflete o pensamento muito equilibrado de Aristófanes: no momento, por não existir coisa melhor, Alcibíades, apesar de sua ambição pessoal e perigo que representa para a democracia, é a única salvação.

Baco – ... Em primeiro lugar, a propósito de Alcibíades, qual é vossa opinião? A cidade, com efeito, está para dar à luz...

Eurípides – E qual é a opinião dela a respeito de Alcibíades?

Baco – Qual? Ela ama-o, odeia-o quer possuí-lo.
Mas dizei o que pensais dele.

Eurípides – Odeio o cidadão que é moroso em socorrer a pátria e ativo em causar-lhe grandes desgraças; engenhoso quando se trata de seus próprios interesses e impotente, face aos da cidade.

Baco – Muito bem, ó Posídon. (a Ésquilo) Qual é a tua opinião?

Ésquilo – Não convém, acima de tudo, criar um leão na cidade, porque, uma vez crescido, é necessário que todos se submetam a seus caprichos (As rãs, 1423-1433).

Sob violentos protestos de Eurípides, Baco declara Ésquilo vencedor. Plutão aproveita a oportunidade para mandar aos governantes de Atenas uma delicada mensagem:

Plutão – Felicidades, Ésquilo. Vai, salva nossa cidade com teus bons conselhos e instrui os idiotas, e são muitos! Entrega isto (dá-lhe uma espada) a Cleofonte; isto (entrega-lhe várias cordas) aos encarregados do erário, bem como a Mírmex e Nicômaco; isto (apresenta-lhe um copo de cicuta) a Arquênomo e dize-lhes que venham rápido para cá, que não demorem. Se tardarem muito, juro por Apolo que vou marcá-los com ferro em brasa, vou atar-lhes mãos e pés com Adimante, filho de Leucófilo, e mandá-los imediatamente para as profundezas dos infernos (As rãs, 1500-1514).

O Coro final, vazado no estilo musical de Ésquilo, é a derradeira grande mensagem de Aristófanes a seu público. Um ano depois da representação de As rãs, Atenas cairia nas mãos de

Esparta e a Comédia Antiga, mesmo nas mãos de Aristófanes, tomaria outras direções.

Corifeu – Divindades infernais, concedei uma boa viagem ao poeta que retorna à luz; à cidade inspirai pensamentos sensatos, fonte de grandes bens. Ficaremos assim inteiramente livres de ingentes aflições e dos dolorosos choques armados. Quanto a Cleofonte e aos que pensam como ele, que façam a guerra no solo de sua pátria[30] (*As rãs*, 1529-1534).

30.A Trácia, porque, segundo Aristófanes (o que não é verdade), Cleofonte era estrangeiro.

6
COMÉDIA NOVA (NÉA)

6.1 Da *pólis* à família

A comédia *As rãs* foi o canto de cisne da Comédia Antiga e da παρρησία, aquela absoluta liberdade de pensar e de falar, sustentáculo da democracia.

Estamos em 405 a.C. O sonho de um império ateniense começou a desmoronar-se com a aziaga expedição da Sicília, em 417 a.C.; a derrota de *Egos Pótamos*, em outubro de 405 a.C., pôs fim à quimera e colocou as tropas espartanas na Acrópole de Atenas. Estava terminada a fratricida Guerra do Peloponeso. A democracia foi substituída pelo terror dos Trinta Tiranos. Felizmente estes duraram pouco e a democracia meio cambaleante foi restabelecida.

O demônio do Norte, todavia, Filipe da Macedônia, espalhava a cizânia entre as cidades gregas e com a derrota dos atenienses e tebanos em Queroneia, em 338 a.C., começou a hegemonia macedônica. É bem verdade que, com a morte de Alexandre Magno, em 323 a.C., Atenas, apoiada em Demóstenes, ainda tentou uma reação. Era tarde demais. As tropas do general macedônio Antípater esmagaram os gregos em Crânon. Era o fim político da Grécia. O filho de Antípater, Cassandro, impôs a Atenas uma ditadura aristocrática sob a tutela de Demétrio de Falero.

Com Atenas desapareceu, sem dúvida, o ideal patriótico do século V a.C., o alimento da Comédia Antiga, mas em seu lugar surgiu, no século IV, o ideal da família. Os laços que unem marido à mulher e aos filhos tomam características diferentes. A mulher deixa de ser prisioneira do gineceu e torna-se algo muito importante, podendo se observar a partir daí um profundo refinamento da sensibilidade. Praxíteles e Escopas, os dois grandes escultores da época, dão-nos o tom desse refinamento: num, o encanto e a delicadeza; no outro, a emoção e o patético. A própria filosofia volta-se mais decididamente para o homem. Os discípulos de Aristóteles observam, com atenção especial, o ser humano, seu caráter e comportamento. O próprio mestre já havia dado o exemplo com sua *Ética a Nicômaco* e Teofrasto com seus *Caracteres* há de ampliar o quadro do mestre do Liceu.

A grave religião do Olimpo transmuta-se, no século IV a.C., em religião da sensibilidade e os outrora intocáveis deuses da Grécia são substituídos pelos sensuais deuses orientais. ÉROS havia por fim destronado ao LÓGOS. Eurípides fez que se esquecesse a Ésquilo.

Se a grande paixão do século V haviam sido os deuses, a *pólis* e o *lógos* a do século IV hão de ser a família e o amor.

Eis, em síntese, a estrutura que há de propiciar o aparecimento de uma comédia inteiramente nova e muito diversa da sátira violenta que caracterizou a Comédia Antiga. Aliás, algumas das últimas comédias de Aristófanes, como *As Tesmofórias*, *A Assembleia das Mulheres* e *Pluto* com o quase ou total desaparecimento do Coro já apresentam uma acentuada ruptura com o passado e pressagiam o aparecimento da Νέα Κωμῳδία, "néa komoidía", *Comédia Nova*, ou simplesmente NÉA.

Os motivos externos, vamos chamá-los assim, que contribuíram para a transformação da natureza e da estrutura da comédia foram, em primeiro lugar, o desaparecimento do Coro e da Parábase, sem os quais já não se pode mais falar em Comédia Antiga e, em segundo, a grave crise econômica que se seguiu à desastrosa Guerra do Peloponeso, agravada pelas lutas que prosseguiram contra Esparta e Tebas. Tal crise trouxe a supressão da *coregia*, obrigação imposta aos ricos, sob a forma de *liturgia*, isto é, de um serviço público, de equipar e remunerar o Coro. Demétrio de Falero, para recuperar as finanças do Estado, renovou a dispensa da coregia e tomou medidas severas contra o luxo e gastos excessivos. Com isso as grandes festas de Atenas, suas procissões e seus μῶμοι propriamente desapareceram.

A essas causas, todavia, ajuntaram-se outras mais graves. Após a experiência amarga da democracia, um cansaço mental, a desilusão e um progressivo desinteresse pelas lutas partidárias apossaram-se de todos, num desejo cada vez mais acentuado de paz e tranquilidade. Houve, portanto, uma profunda transformação do gosto e do espírito público. No século IV preferia-se uma sátira mais fina, mais racional e psicológica às fantasias da imaginação e aos grosseiros ataques pessoais. Ao individual preferiu-se o coletivo.

Estamos em outro clima. Mudando de trajes e de espírito, a comédia voltou-se primeiramente para a mitologia. A paródia foi seu grande tema. Tal artificialismo, no entanto, durou pouco. Ao atingir sua verdadeira maioridade literária, a comédia refugiou-se na sátira dos costumes e das condições sociais. Muitos títulos de comédias dessa época são nomes de uma profissão ou estado: o camponês, o soldado, o bajulador, o parasita, a cortesã... Criaram-se tipos, como o soldado fanfarrão, a sogra, o mercador de escravos, o avarento, o misantropo, o adúltero.

À chamada *Comédia Média*[31] ou Μέση, "mése", sucedeu e fixou-se a *Comédia Nova, Néa*.

---

31. A chamada Comédia Média é apenas uma forma de transição entre a Comédia Antiga e a NÉA. Seu assunto predileto é a paródia mitológica, de início, voltando-se mais tarde para a pintura dos costumes e das condições sociais.

Não foi apenas na temática e no conteúdo que a NÉA tanto se afastou de Aristófanes, foi também na forma. Se a Comédia Antiga é preponderantemente política, a Comédia Nova volta-se para a vida privada, buscando a intimidade dos cidadãos, fixando-se nos aspectos mais prosaicos e comuns da existência: o amor, os prazeres, as intrigas sentimentais. À linguagem desabrida, violenta e pornográfica do poeta de *Lisístrata*, a Comédia Nova com Menandro (eis o nome de seu grande astro) respondeu com uma linguagem comedida, bem comportada, simples e quotidiana.

A NÉA é essencialmente uma comédia apaixonada. Suas personagens pintadas com o auxílio do pincel dos *Caracteres* de Teofrasto são passionais e violentas, mas indulgentes.

Tomando-se como ponto de referência o que nos ficou de Menandro e algumas comédias de Terêncio, o grande poeta cômico latino do século II a.C., que mais se aproxima do ateniense, o tema fundamental da NÉA é o amor contrariado por um conflito de gerações, pela diferença de caracteres ou por certos obstáculos, sobretudo desigualdade social e oposição paterna, com uma reconciliação final e um ou mais casamentos.

O poeta latino Públio Ovídio Nasão compreendeu bem o ideal da *NÉA*:

Fábula iucundi nulla est sine amore Menandri[32].

Comédia de tom burguês, dir-se-á. É exatamente isso. A *NÉA* de Menandro, sob múltiplos aspectos, é um testemunho das ideias de Demétrio de Falero que, em política, aplicou as teses da escola peripatética. A ideia-mestra de seu governo, tomada diretamente de Aristóteles, é a criação de uma classe média, ilus-

---

32. Trist. II, 369: "Nenhuma comédia do agradável Menandro existe sem amor".

tração política da μεσότης, "mesótes", um meio-termo, um compromisso entre a aristocracia e a democracia. Tal aspiração explica na *Comédia Nova* como os casamentos, que fecham a ação, via de regra se realizam entre famílias ricas e pobres, como no *Misantropo* de Menandro, *Adelfos* de Terêncio e *Aululária* de Plauto.

6.2 Menandro

Muito pouco chegou até nós de mais de trezentas peças que teriam constituído o acervo da *Comédia Nova*. De alguns precursores, contemporâneos e rivais de Menandro, Aléxis, Filêmon, Dífilo e Apolodoro de Caristo, exceto muitos títulos e alguns fragmentos, nada mais possuímos.

De Menandro os papiros egípcios nos devolveram, a partir dos fins do século XIX, muitos fragmentos, sendo o mais longo o da comédia ᾽Επιτρέποντες, "Epitrépontes", *A arbitragem*, cerca de 750 versos, mas faltava uma peça inteira, para que se pudesse aquilatar mais concretamente o valor do poeta ateniense. Felizmente, em março de 1959, foi publicada a primeira peça completa da Comédia Nova grega. Trata-se do Δύσκολος, "Dyskolos", *O misantropo*, comédia conservada num papiro do século III p.C, cuja edição *princeps* é de Victor Martin, extraída da coleção Bodmer[33].

É, por conseguinte, através de *O misantropo* e dos fragmentos de outras peças[34], sobretudo da comédia *A arbitragem*, que se pode fazer uma ideia do teatro do grande astro da NÉA.

---

33. Papyrus Bodmer IV: Ménandre, Le Dyscolos, Éd. V. Martin. Cologny-Genève, Bibliotheca Bodmeriana, 1958 (data efetiva do aparecimento da obra: março de 1959).

34. As restantes comédias de Menandro de que nos restam fragmentos mais significativos são, além da já citada, *O citarista, O herói, O espectro, A mulher de samos, O camponês, O bajulador, A mulher de cabelos cortados.*

Menandro é um ateniense do século IV a.C., um homem da época de Demétrio de Falero e, talvez, mesmo por causa disso, um representante típico da rica burguesia de seu tempo. Epicurista delicado, culto e elegante, seu teatro, tomado em bloco, é um finíssimo estudo de caracteres, uma pintura dos costumes e um retrato da sociedade elegante, em cujo meio viveu.

A comédia de Menandro pode ser classificada de *stataria*, quer dizer, uma peça em que a ação é lenta e com poucos incidentes, "uma sucessão de cenas convenientemente dispostas" e manipuladas com grande economia.

Partindo de um tema muito simples, o poeta sabe injetar-lhe um colorido de sentimentos ingênuos e apaixonados. Talvez com certo exagero poder-se-ia afirmar que a comédia de Menandro é uma tragédia de Eurípides sem deuses e sem catástrofes trágicas. Com efeito, como Eurípides, que sob muitos aspectos lhe serve de modelo, o teatro de Menandro põe em cena o homem com suas paixões e arrebatamentos afetivos. Caracteres violentos, diga-se logo, mas indulgentes e dotados de extraordinária capacidade de perdoar. Tem-se a impressão de que todas essas personagens arrebatadas e impetuosas se lembram num determinado momento da comédia de que a perfeição do epicurista se encontra na ataraxia!

Ao lado dos atores principais o poeta coloca um número muito grande de personagens secundárias, geralmente escravos e parasitas, cozinheiros, soldados fanfarrões, cortesãs, flautistas, que usam sempre de uma linguagem perfeitamente adaptada à sua condição social, o que faz do teatro do autor de O *misantropo* um reflexo da sociedade do século IV a.C.

É necessário, todavia, não reduzir Menandro a um mero criador de tipos. Seus avarentos e soldados fanfarrões, a par de suas características peculiares, possuem também outros traços e atrativos humanos muito acentuados.

Escreve com singeleza e suavidade num estilo deliciosamente paratático, mais à maneira de Eurípides que de Aristófanes. Emprega evidentemente a ironia cômica e o humor da farsa, mas em hipótese alguma faz concessões à gíria, aos calões e à pornografia. Em Menandro, como dois séculos mais tarde em Terêncio, a *urbanitas* prevalece sobre a *rusticitas*. Suas sentenças e reflexões morais foram sempre muito citadas na Antiguidade, inclusive pelo Apóstolo São Paulo[35]: "as más conversações corrompem os bons costumes".

Poeta do século de Escopas e Praxíteles, mas sobretudo de Epicuro, Menandro brincou de amor numa comédia bem comportada.

6.3 Δύσχολος: O misantropo

Esta comédia foi certamente encenada nas Leneanas de 316 a.C. e o poeta, embora muito jovem, obteve a vitória, coisa bastante rara, como veremos depois, em se tratando de Menandro.

O argumento do *Dyscolos* é muito simples. O jovem *Sóstrato*, filho de um rico ateniense, quando caçava no "demo" de File, onde o pai possuía vastos domínios, viu uma linda campônia nas vizinhanças de uma gruta consagrada ao deus Pã, e por ela se apaixonou violentamente. Decidiu, por isso mesmo, pedi-la em casamento, o que vinha de encontro ao desejo do deus, que almejava recompensar a jovem por sua devoção às ninfas, companheiras que lhe habitavam a gruta. Acontece, no entanto, que o pai da bela camponesa, *Cnêmon*, era um tipo intratável: odiava a

---

35. 1Cor 15,33.

humanidade inteira. Trabalhando no campo, de sol a sol, abria a boca tão somente para censurar o gênero humano. A seu lado, apenas a filha do primeiro casamento e uma velha escrava. A esposa *Mírrina*, a segunda aliás, não lhe suportou o mau humor e foi residir num sítio vizinho com *Górgias*, seu filho do primeiro matrimônio.

Como poderia *Sóstrato*, jovem de temperamento excessivamente tímido, enfrentar o gênio violento de *Cnêmon*, que não queria ouvir falar em rapazes da cidade e desejava para a filha um homem como ele?

A difícil missão foi entregue ao escravo *Pírrias* que nem mesmo conseguiu tocar no assunto com o misantropo: este o moeu de pedras e cacetadas... O encontro de *Sóstrato* com o misantropo foi decepcionante, porque o jovem não teve a coragem necessária para confessar sua paixão. Fracassando o auxílio que esperava de *Getas*, um escravo de *Calípides*, seu pai *Sóstrato*, após um proveitoso diálogo com *Górgias*, resolveu fazer ele próprio o pedido de casamento. E já que *Cnêmon* só casaria a filha com um trabalhador braçal, o moço apaixonado, vestido como um camponês, foi capinar bem junto da propriedade de *Cnêmon*, Mas este, por azar, não apareceu por lá naquela manhã... *Tykhe*, o "Acaso", todavia, estava vigilante. Um sacrifício reunira na gruta de Pã todos os membros da família de *Sóstrato*, a pedido de sua mãe, que desejava afastar, com um sacrifício ao deus, os terríveis pressentimentos de um sonho.

Levado ao desespero por causa de um balde e de uma enxada, que a velha criada *Símica* deixara cair num poço, *Cnêmon*, no afã de recuperá-las, caiu também. Salvo por *Górgias* com o auxílio de *Sóstrato*, o misantropo, emocionado com a solidariedade alheia, coisa que nunca teve, continua apegado à solidão, mas dividiu seus bens com o enteado *Górgias* e a filha e, mais que isto,

124

entregou-a aos cuidados daquele, a fim de que o mesmo conseguisse para ela um bom casamento. É pois de seu amigo *Górgias* que *Sóstrato* recebeu a mão de sua amada.

O repasto do sacrifício na gruta de Pã transformou-se no banquete de um duplo casamento, porque *Calípides* não somente consentiu na união de Sóstrato com a filha do misantropo, mas também aprovou o casamento de sua própria filha *Plángon* com *Górgias*. Até mesmo *Cnêmon*, vencido pelos embustes e artimanhas do escravo *Getas* e do cozinheiro *Sícon*, participou das festividades...

6.3.1 *Uma comédia bem comportada*

O misantropo é uma peça da juventude do poeta e, apesar dos elogios de Jean-Marie Jacques[36], a comédia, em confronto com a obra de Plauto e Terêncio, mostra-se ainda distante dos encômios que se prodigalizaram a Menandro na Antiguidade Clássica, que certamente conheceu todas ou ao menos uma grande parte de suas cento e seis ou cento e oito peças. O alexandrino Aristófanes de Bizâncio, grande erudito do século III a.C., num evidente exagero, colocava Menandro logo após Homero e, entusiasmado com o realismo com que o poeta pintava suas personagens, perguntava: "Ó Menandro, e tu, vida humana, qual dos dois imitou o outro?" Díon Crisóstomo, sofista do século I, completa o pensamento do alexandrino, ao afirmar (XVIII, 30): "A imitação que Menandro faz dos costumes supera a habilidade dos cômicos antigos". O mestre latino do século I, Marco Fábio Quintiliano[37], falando aos que se preparavam para a difícil

---

36. MÉNANDRE. *Le Dyscolos*. Paris: "Les Belles Lettres", 1963, p. 32ss.
37. *De Institutione Oratória*, X, 1, 69.

arte da retórica, recomendava-lhes a leitura de Menandro: "De tal modo expressou a vida; possui ele um dom tão acentuado de retratar as coisas, pessoas e afetos, que arrebatou a glória a todos os autores do mesmo gênero literário e com sua clareza os envolveu em trevas".

Quanto ao estilo do poeta ateniense, Plutarco, escritor do século I a.C., nos dá com o peso de sua autoridade uma opinião muito objetiva: "estilo terno e apaixonado; por vezes forte, grave e enérgico; ora irônico e mordaz, ora alegre, brilhante, vivo e cheio de fantasia".

Todos esses elogios e qualidades, realismo, psicologia das personagens, pintura dos costumes, pessoas e afetos, elegância e variedade de estilo, estão presentes nesta comédia da juventude, mas de maneira ainda embrionária, exceto talvez na pintura dos caracteres de Cnêmon, Górgias e Sóstrato, que estão muito bem retratados. A razão parece estar com Plutarco. Ao que foi dito acrescenta ele que as grandes qualidades do poeta se aperfeiçoaram com a idade e que suas últimas comédias eram muito superiores às primeiras. É, aliás, o que se pode depreender dos muitos fragmentos que nos ficaram, sobretudo de mais de setecentos versos da comédia *A arbitragem*, onde a elegância de estilo somada à firmeza com que são traçados os caracteres nos dá uma ideia do Menandro literariamente adulto.

O misantropo, como já se disse, é de estrutura muito simples. Inicia-se com um Prólogo, à maneira de Eurípides. Trata-se de um monólogo recitado pelo deus Pã[38], que, de saída, fornece todas as indicações necessárias para uma perfeita intelecção da comédia:

---

38. Pã, filho de Hermes e da ninfa Dríope, é um monstro semi-homem e semibode. Deus dos rebanhos, dos pastores, dos campos e grutas, personifica as forças da natureza. Companheiro de Baco, percorria vales, montes e florestas caçando ou acompanhando a dança das ninfas com sua maviosa flauta pastoril.

Pã (saindo da gruta das ninfas) – Imaginem que o lugar da cena é File[39], na Ática: a gruta das Ninfas de onde estou saindo é o famoso santuário pertencente aos filásios [...] A propriedade à minha direita é habitada por Cnêmon, um homem que odeia o gênero humano, brigado com o mundo inteiro e inimigo da sociedade. Que digo? Da sociedade? Ele é um homem muito idoso e jamais, durante sua existência, iniciou conversa alguma e nunca dirigiu primeiro a palavra a ninguém [...] Com um gênio assim casou-se com uma viúva, cujo marido, ao morrer, deixou-lhe um filho ainda muito criança. Não satisfeito em discutir com ela o dia inteiro, consumia nisso ainda a maior parte da noite [...] Nasceu-lhes uma filha; foi ainda pior [...] Como sua infelicidade ultrapassasse tudo quanto se pode imaginar [...], a mulher voltou para junto do filho de seu primeiro matrimônio. Este possui uma propriedade modesta aqui nas vizinhanças: é lá que ele hoje oferece uma vida pobre à sua mãe, a si próprio e a um único escravo, fiel servidor deixado por seu pai [...] Quanto ao velho, vive só em companhia da filha e de uma velha escrava, carregando lenha, cavando a terra, trabalhando o dia todo e detestando de uma só vez o mundo inteiro, a começar pelos vizinhos, pela mulher, descendo até os habitantes de Colarges[40]. A filha, pela educação recebida, tornou-se o que era de se esperar: ignora todo mal. O zelo de sua devoção e suas homenagens prestadas às ninfas, minhas companheiras, levaram-nos a tomá-la sob nossa proteção. Um jovem, cujo pai, muito rico, cultiva por aqui terras que valem uma fortuna, mas que vive na cidade, veio caçar em companhia de um amigo; chegou a este lugar por acaso e fiz com que ele perdesse um pouco a cabeça pela jovem (*Mis.* 1-44).

---

39. "Demo" ático da Tribo Onida.
40. "Demo" ático da Tribo Acamântida.

O Prólogo, como se pode observar, marca de imediato o local da ação e as três famílias que vão participar da intriga amorosa, embora a única personagem citada pelo nome seja Cnêmon, o que deixa patente o conhecimento que tinha o poeta das normas aristotélicas[41]:

> Quanto aos argumentos, quer os que já tenham sido tratados, quer os que ele próprio invente, o poeta deve dispô-los assim em termos gerais [...] Depois disto e uma vez denominadas as personagens, desenvolvem-se os episódios.

Quer dizer: primeiro o poeta terá que estabelecer as linhas gerais da história e só depois então é que desenvolverá os episódios com os nomes das personagens.

De outro lado, o prólogo liminar feito por um deus (no caso Pã) é fato comum na Comédia Nova, como se pode comprovar pelo *Anfitrião* de Plauto e sobretudo pela *Aululária*, do mesmo poeta, em que o *Prólogo* é feito pelo deus Lar e é muito semelhante a este de *O misantropo*. Em ambas as peças, Pã e Lar funcionam como *deus ex machina*: uma jovem, por sua devoção, recebe como recompensa um marido.

A intervenção divina, porém, começa e termina no Prólogo, uma vez que o grande deus da NÉA é Τύχη, "Tykhe", o *Acaso*.

Para os epicuristas, como Menandro, os deuses existem, mas não se intrometem nas coisas humanas...

Terminada, pois, a intervenção de Pã, a ação se desenvolve num plano linear, puramente humano.

Observe-se ainda que desde o início da comédia o *status* econômico das famílias está definido: a pobreza de Cnêmon e

---

41. *Poética*, XII, 1455b 1 e 12.

de Górgias[42] contrasta visivelmente com a riqueza da família de Sóstrato[43]. É sinal evidente de que mais uma vez a μεσότης aristotélica será aplicada.

Findo o Prólogo, poderia o estudioso de Teatro Grego perguntar pelo párodo, isto é, pela entrada do Coro em cena. Não é possível nos alongarmos aqui a esse respeito, mas é melancólico constatar que a excelente tradução francesa de Jean-Marie Jacques, já citada, defenda a velha tese de que a simples menção da rubrica χοροà, "khoru", prova não só a existência do Coro nesta comédia, como na Comédia Nova em geral, mas também, o que é grave, a divisão da peça em atos. Ora, como no manuscrito de *O misantropo* há quatro rubricas χοροῦ a peça estaria dividida em cinco atos!

Vamos tentar resumir os fatos e ser claro. Tendo desaparecido na NÉA o *párodo*, o *agón* e a *parábase* por motivos já expostos, o Coro foi reduzido, já a partir do século IV a.C., de vinte e quatro coreutas para oito e, a partir do século II a.C., para quatro. Sua única função na Comédia Nova são, às vezes, evoluções e cânticos que preenchem e marcam os vazios, os intervalos correspondentes aos entreatos atuais. Na comédia em apreço não aparecem uma só vez partes corais, nem mesmo o Coro é mencionado na lista das personagens, o que prova que esses aparecimentos do Coro entre os episódios ou eram apenas evoluções coreográficas ou "cânticos", que nada tinham a ver com a ação da peça.

A rubrica χοροῦ isto é, χομμάτιον χοροῦ, "kommátion khoru", *pequeno corte do coro*, que aparece nos manuscritos, serve tão somente para introduzir as pausas destinadas aos intermédios corais e marcar as fases constitutivas da ação, donde proveio

---

42. Górgias, enteado de Cnêmon, e filho da viúva Mírrina.

43. Sóstrato, filho de Calípides, e apaixonado pela filha do misantropo.

a divisão da NÉA em cinco episódios, tornando-se esta uma prática habitual em Menandro, bem assim em seus contemporâneos e sucessores na literatura latina.

Quanto à divisão da Comédia Nova em cinco atos, nada mais absurdo. Tanto a tragédia quanto a comédia se encenavam na Antiguidade Clássica em "drama contínuo". Gregos e latinos não conheceram a grande técnica da divisão de suas peças em *atos*, no sentido atual, mas apenas em episódios, marcados pelas intervenções do Coro. A palavra grega correspondente a ato é μέρος, "méros", que significa *parte*. Os mais antigos textos acerca da estrutura da obra dramática remontam a Aristóteles, que empregou "méros" em dois sentidos: de partes constitutivas da tragédia (fábula, caráter, elocução, pensamento, espetáculo e canto)[44] e de partes em que se divide a tragédia (prólogo, episódios, êxodo e cantos corais)[45]. Em ambos os sentidos "méros" significa parte. Também os Alexandrinos empregaram-na em seu significado técnico, visando a uma parte definida do desenvolvimento da ação, quer dizer, um episódio com um canto do coro, isto é, com o sentido de parte.

No teatro latino, desde Terêncio, passando-se por Cícero, Varrão, Horácio, Suetônio e Donato, a palavra *actus* vem sendo mal traduzida porque, em latim, em se tratando ou não de teatro, *actus* significa parte e não atos com o sentido hodierno. O que motivou toda a confusão foi a tradução errônea do vocábulo em Horácio[46]:

> *Neue minor neu sit quinto productior actu*
> *Fabula quae posci uult et spectanda reponi.*

---

44. *Poética*, 1450a, 7-10.

45. Ibid., 1452b, 14-18.

46. *Ars Poética*, 189-190: "A peça, que, uma vez vista, deseja ser reclamada e reapresentada, não tenha nem mais nem menos que cinco partes".

Um levantamento feito por Jules Marouzeau[47] em sua monumental edição das comédias de Terêncio, exatamente com a finalidade de provar a inexistência de atos no teatro latino, teve a seguinte estatística em número de *cenas vazias* (*atos* para os que traduzem erradamente a palavra): *Adelfos* dez; *Fórmion* seis; *Eunuco e Hécira* cinco; *Algoz de si mesmo* três ou quatro; *Ândria* um ou dois...

Imagine-se uma comédia com *dez atos* e outra apenas com *um*!

Em conclusão: filológica e linguisticamente nem (μέροζ) nem *actus* podem ser traduzidos por *ato* no sentido com que atualmente se emprega a palavra na *linguagem* teatral.

O que se pode e até mesmo se deve defender é que na NÉA existe *Coro*, mas este não participa da peça; marca apenas as fases constitutivas da ação. Sua presença, além disso, jamais quis dizer que a peça deva ser dividida em *atos*...

A ação, em *O misantropo*, tem início tão logo termina o Prólogo. O primeiro diálogo entre Sóstrato, Quéreas e Pírrias, com a presença ameaçadora de Cnêmon, é muito bem estruturado e nos dá o esboço psicológico destas personagens.

Sóstrato é a personificação da timidez e da hesitação e, por isso mesmo, envia o escravo Pírrias para fazer os primeiros contatos com o misantropo, missão aliás da qual se saiu muito mal, já que o escravo acabou por tornar-se o caçador caçado! Quéreas, o parasita, é um blasonador, um fanfarrão, um covarde de corpo inteiro. Bastou o anúncio da entrada em cena de Cnêmon para o fanfarrão deixar Sóstrato sozinho com o velho...

Vejamos uma ponta do diálogo:

---

47. TÉRENCE, T.I. Paris: "Les Belles Lettres", 1947, p. 30ss.

Quéreas – Que dizes, Sóstrato? Viste uma jovem de família no momento de coroar as Ninfas vizinhas e, de imediato, te apaixonaste por ela?

Sóstrato – De imediato.

Quéreas – Que pressa [...].

Sóstrato – É por isso exatamente que estou aqui, certo de teu apoio neste assunto, porque te considero um amigo e a pessoa mais bem indicada para levá-lo a bom termo.

Quéreas – Em circunstâncias tais, Sóstrato, eu sou assim: um amigo me solicita num caso de amor por uma meretriz? No mesmo instante vou buscá-la, levo-a até ele, me exalto, me entusiasmo, me inflamo e não admito qualquer raciocínio [...] Trata-se de casamento e de filha de família? Aí sou outro homem: tomo informação da família, das posses, do caráter [...].

Sóstrato – Bem cedinho enviei lá de casa Pírrias, que caçava conosco...

Quéreas – Aonde?

Sóstrato – ... procurar o pai da moça ou o dono desta casa, seja lá quem for.

Quéreas – Por Héracles! Que dizes?

Sóstrato – Cometi um erro, porque um escravo não era a pessoa indicada para essa missão, mas, quando se ama, não é fácil ver o que melhor convém [...].

Pírrias (entra correndo) – Afastem-se, cuidado! Saiam todos daqui. Um louco me persegue, sim um louco.

Sóstrato – Que houve, rapaz?

Pírrias – Fugi.

Sóstrato – Que há?

Pírrias – Ele está jogando torrões e pedras em mim. Estou perdido!

Sóstrato – Estão jogando alguma coisa em ti? Para onde foges, desgraçado?

Pírrias – Vamos embora, eu te suplico!

Sóstrato – Para onde?

Pírrias – Para longe desta porta, o mais longe possível daqui. O homem que mora naquela casa ali e que me mandaste procurar é um filho da cólera, um possesso, um alucinado. Um brutamontes. Quase quebrei todos os dedos de tanto tropeçar.

Sóstrato (*a Quéreas*) – Teria ele feito alguma tolice por lá?

Quéreas – Parece claro que sim.

Pírrias – Por Zeus, que eu morra desgraçado, Sóstrato, se fiz [...] Mas não posso falar, perdi o fôlego!

Sóstrato – Que ódio?

Pírrias – Que é isto, meu caro? Eu caminhava pelo terreno dele, em sua direção e, de bem longe, querendo ser um modelo de gentileza e de amabilidade, cumprimentei-o, dizendo: "Venho te procurar, pai, para uma certa coisa, como diria, desejoso de que tomes conhecimento logo de um assunto de teu interesse". Ele, porém, nem me deixou terminar. "Invadiste minha propriedade, amaldiçoado? Estás pensando o quê?" Apanhou um torrão e lançou-o bem no meio de minha cara!

Quéreas – Que ele vá para o inferno!

Pírrias – Nem tive tempo de fechar os olhos e quando eu ia dizendo "Que Posídon te [...]" eis que ele, desta vez, pegou uma estaca e começou a me "esfregar" com ela, dizendo: "Que tenho eu a tratar contigo? Não conheces o caminho público?" E dava cada grito agudo!

Quéreas – Este camponês de que falas é um louco consumado.

Pírrias – E para finalizar ele correu atrás de mim uns três quilômetros [...][48] e me bombardeava com torrões, pedras e com peras, quando

---

48. As correrias de escravos na Comédia nova são próprias do gênero. É o tema do *seruus currens*, como se pode ver também na comédia latina. Na *Aululária* de Plauto (v. 406-413) o cozinheiro Congrião e "seus discípulos" fogem espavoridos das bordoadas que lhes aplica Euclião.

nada mais tinha para lançar contra mim. Que loucura! O velho é completamente maluco. Eu te peço, vai embora.

Sóstrato – Falas como um covarde!

Quéreas – Talvez ele tenha tido hoje algum aborrecimento; eu também acho que se deva adiar esta visita, Sóstrato.

Pírrias – Tende juízo!

Quéreas [...] Muito bem, amanhã bem cedo irei vê-lo sozinho, pois sei onde é a casa dele [...].

Pírrias – Sim, ei-lo aí chegando...

Sóstrato – É ele mesmo?

Pírrias – E eu vou indo...

Sóstrato (a Quéreas) – Meu querido amigo, fala com ele!

Quéreas – Eu não posso... Minhas palavras nunca tiveram muita força de persusão... (*Mis.* 50-146).

A entrada em cena de Cnêmon é apenas uma ratificação de tudo quanto a respeito de seu caráter foi dito pelo deus Pã no Prólogo e neste primeiro episódio pelo escravo Pírrias. Menandro, como Sófocles, é um mestre na *arte das antecipações*. O misantropo ainda não havia entrado em cena e já está personalizado: Pã começa a debuxar-lhe o retrato, Pírrias aumenta-lhe consideravelmente os traços e a própria personagem dá-se o retoque final. Indiscutivelmente todas as peripécias da intriga convergem para um ponto central, a pintura do caráter de Cnêmon, como o próprio título da peça o sugere. Tantos são os focos de luz sobre o misantropo, que, não fora a arte extraordinária de Menandro em jogar com cenas paralelas, haveria sério perigo de o espectador ou o leitor se esquecer de que *O misantropo* é uma comédia de amor.

Cnêmon aproxima-se. Pírrias trata de salvar-se e a fanfarronice do parasita Quéreas, que foge também, desaparece, o que era esperado. A narrativa de Pírrias causou-lhe tão profunda impressão que o covardão propusera a Sóstrato "ir pessoalmente" procurar o velho na *manhã seguinte*, isto é, *nunca*, já que a duração da comédia é de sol a sol, como aliás diz Sóstrato no v. 864ss.

De início não se vê Cnêmon, ouvem-se-lhe apenas os gritos e as palavras pouco animadoras de Sóstrato dão uma ideia do humor negro do velho:

Sóstrato – Por Zeus, a fisionomia dele não me parece muito cordial. Que cara zangada! Vou me afastar um pouco da porta, é mais prudente. Ei-lo que chega, gritando sozinho, enquanto caminha. Ele me parece de maus bofes. Por Apolo e pelos deuses, tenho medo, por que não dizer a verdade?

Cnêmon propriamente não dialoga, monologa com sua raiva:

Cnêmon – E depois disso como não dizer que o famoso Perseu era duplamente feliz, ele que, graças às suas asas, não precisava encontrar-se com essa gente, cujos pés esmigalham esta terra, e além do mais possuía uma coisa com que petrificava os importunos. Ah! Se eu possuísse a mesma coisa: haveria por toda parte abundância de estátuas de pedra! Por Asclépio, não se pode mais viver. Agora, para falar comigo, invadem até minhas terras. Por Zeus, será que tenho o hábito de passar o dia na beira da estrada? Já deixei de cultivar esta parte do terreno, abandonei-a por causa dos transeuntes. Agora me perseguem no alto dos morros! Ah! Multidão alucinada! (*percebendo Sóstrato*) Praga! E agora, quem é este aí plantado diante de minha porta?

Sóstrato – Será que ele vai me espancar?

Cnêmon – Não se tem mais solidão em parte alguma, nem mesmo para se enforcar, se disso se tiver desejo!

Sóstrato (*à parte*) Está furioso comigo. (*a Cnêmon*) Estou esperando uma pessoa aqui, pai. Marquei um encontro...

Cnêmon – Eu não dizia? Estás pensando que isto é um pórtico ou um local de assembleias públicas? Se é junto à minha porta que desejas ver alguém, arruma tudo direito: fabrica um banco, se tens capacidade para isso, ou de preferência uma sala de reuniões. Sou um infeliz! Esses vexames, eu o creio, são a causa de minhas desgraças (*Entra, batendo a porta*) (*Mis.* 147-178).

Eis aí o misantropo. Se dos trinta *Caracteres* de Teofrasto, que chegaram até nós, nenhum especificamente é consagrado à *misantropia*, o grande mestre de Teofrasto e de todos nós, Aristóteles, embora de maneira sucinta, refere-se a ela. Na *Ética a Nicômaco*, na passagem que trata "das qualidades nas relações humanas" mostra cada uma delas como um meio-termo, uma μεσότης, entre um excesso e uma carência. A δυσχολία, "dyskolía", misantropia, é assim definida[49]:

> No que se refere à outra espécie de afabilidade, isto é, as relações agradáveis da vida, o homem realmente agradável é um homem amável e o meio-termo é a *amabilidade*; o que cai no excesso, se não visa a nenhum fim interesseiro, é um *complacente*; se o tem em mira, é um *adulador*; aquele que peca por carência e que é desagradável em quaisquer circunstâncias é *agressivo* e *misantropo*", isto é, δύσερίς τις χαὶ δύσχολος.

Pois bem, a característica principal do "misantropo" de Menandro é ser *agressivo*, sempre disposto a insultar, a injuriar e a espancar quem dele se aproxime, e isto não apenas com os estranhos, mas é uma agressividade que se estende também a seus familiares, como deixam claro as cenas 6 e 7 do terceiro episódio e os versos 205 e 248.

Mas, se os *Caracteres* de Teofrasto não falam diretamente da misantropia, os *Caracteres* XV, Αὐθάδεια, "Authádeia", a Bruta-

---

49. b 7. 1108 a 26-30.

lidade; IV, Αγροιχία, "Agroikía", a Grosseria e X, Μιχρολογία, "Mikrologuía", a Mesquinhez, estão presentes no decorrer da ação para bem marcar o caráter de Cnêmon. Assim, a mesquinharia é evidenciada no v. 505ss., quando o velho diz ao cozinheiro Sícon:

– *Não tenho panela, nem machado, nem sal, nem vinagre, nem orégão[50].*

A saída brusca de Cnêmon, que deixou Sóstrato a falar sozinho, é a oportunidade para que se introduza, de maneira muito natural, a filha do misantropo na ação.

Já se falou da arte de antecipação do poeta. Pois bem, a presença da jovem e seu encontro com Sóstrato são ricos em signos: de um lado, a coerência psicológica de Menandro com referência à timidez de Sóstrato, que, louco de paixão pela moça, é incapaz de demonstrá-la à sua amada e ainda mais com referência ao terror que o misantropo infunde em seus familiares; de outro, a discrição da jovem que, sendo obrigada a apanhar água na gruta de Pã, porque a criada deixara cair o balde no poço (preparação longamente antecipada para as grandes cenas do fim do terceiro e início do quarto episódio) é de uma naturalidade, que só faz aumentar o amor de Sóstrato. Diga-se a propósito que essa singeleza e modéstia, tanto da filha de Cnêmon quanto da irmã de Sóstrato, Plángon, fazem parte das convenções severas que norteiam o comportamento das filhas de família na comédia.

O diálogo entre Sóstrato e a jovem é rápido, mas diz tudo:

Moça – Pobre de mim, como sou infeliz. Que fazer agora? A criada, quando tirava água, deixou cair o balde no poço.

---

50. Plauto, em duas comédias, *Rudens*, 133ss. e *Aulularia*, 91ss., imita esse *locus communis* da NÉA, referindo-se exatamente a mesquinhos e avarentos.

Sóstrato (*à parte*) – Pai Zeus! Febo Peã! Queridos Dioscuros! Que beleza alucinante!

Moça – E papai, ao sair, mandou-me esquentar a água.

Sóstrato – Meus amigos, que fazer?

Moça – Se ele descobrir, vai matá-la de pancadas. Não posso perder tempo, pelas duas deusas (*dirigindo-se para a gruta das ninfas*). Queridas ninfas, tenho de apanhar água na vossa gruta (*para*). Há pessoas fazendo sacrifícios lá dentro, não quero incomodar.

Sóstrato (*aproximando-se*) – Bem, se queres me dar o cântaro, eu o encherei.

Moça – Sim, pelos deuses, encha-o rápido.

Sóstrato (*à parte*) – Para uma camponesa, ela tem desembaraço, ó deuses venerados, que divindade me salvará?

Moça – Infeliz que sou. Quem faz ranger a porta? Será que papai vai sair? Se ele me surpreender aqui fora, vai me moer de pancadas (*Mis.* 189-206).

Esta cena mostra uma outra habilidade do poeta: o dom de articular as peripécias da intriga, fazendo que novas personagens se introduzam em função da fala anterior. Daos, escravo de Górgias, e muito bem caracterizado como um tipo desconfiado e de absoluta fidelidade a seu senhor, estranha a conduta da filha de Cnêmon, a qual se deixou ajudar por um desconhecido e, ainda pior, em trajes de moço rico da cidade. Temendo pela jovem, revela ao patrão as últimas palavras que ouviu do diálogo entre ambos:

Górgias – E foi com essa negligência e descaso, dize-me, que tomaste conhecimento do fato?

Daos – Como assim?

Górgias – Devias, por Zeus, procurar saber logo quem era esse rapaz que cortejava a moça e dizer-lhe que tomasse cuidado, para não se arrepender no futuro [...] É impossível, Daos, ficar indiferente aos laços de sangue. Trata-se de uma irmã. O pai deseja comportar-se como se fosse um estranho em relação a nós? Não imitemos a brutalidade do caráter dele, porque se ela for desonrada, eu também vou ficar preocupado. Quem vê as coisas de fora, não vê o responsável, seja ele quem for, mas vê apenas o resultado (*Mis.* 233-246).

Górgias, apesar de muito jovem, é sério e correto. A pobreza, a responsabilidade de sustentar a mãe e o duro trabalho do campo amadureceram-no prematuramente. Como diz no *Prólogo*[51] o deus Pã:

πρόαγει γὰρ ἡ τῶν πραγμάτων ἐμπειρία.

Seu diálogo com Sóstrato retrata o orgulho do camponês pobre, injustiçado pela vida e pela sociedade. Desconfiado e duro com os ricos, considera-os como símbolo da corrupção e a máquina de triturar a pobreza:

Górgias – Por mais rico que sejas, resiste à tentação de te prevalecer dessa condição. Evita igualmente nos menosprezar, a nós, os pobres. Mostra-te digno, aos olhos dos outros, de conservar para sempre a tua fortuna presente (*Mis.* 284-287).

Todo esse orgulho e desconfiança, no entanto, se desfazem, quando essas personagens de caráter forte na Comédia Nova veem do outro lado a sinceridade da boa intenção. Um rápido diálogo entre os dois jovens terminou com mútuos pedidos de desculpas. Górgias será o grande aliado de Sóstrato na luta para conseguir a mão da filha de Cnêmon. Uma dificuldade séria e quase intransponível, todavia, é o modo de viver do rico pretendente: seus trajes, sua disponibilidade e Cnêmon só daria a filha em casamento a um homem como ele ou que fosse ao menos um trabalhador braçal...

---

51. Mis. 29: "Nada como a experiência da vida para formar o caráter".

Mas, como *amor omnia uincit*, Sóstrato se dispôs a pegar na enxada em companhia de Górgias e Daos, e esperar que o velho aparecesse nas proximidades para capinar juntamente com a filha, como sempre fazia:

Sóstrato – Eis a minha situação: morrer agora ou viver com a moça (*Mis.* 379-380).

O trabalho de Sóstrato no campo representa um hábito religioso muito antigo: é a chamada *prova agrícola* a que eram submetidos, com nítida intenção catártica, os pretendentes.

Infelizmente para Sóstrato o velho não apareceu, mas a prova foi realizada... E a maravilhosa arte de Menandro no encadeamento das peripécias sempre está presente.

A mãe de Sóstrato tivera com o filho um sonho terrível: Pã lhe colocava grilhões, cobria-o com o couro de uma cabra, dava-lhe uma enxada e fazia-o trabalhar duro nos terrenos vizinhos ao seu santuário, em File... Foi para conjurar tão horrível presságio que ela enviara à frente o escravo Getas com um carneiro e o cozinheiro Sícon para preparar o sacrifício liberatório na Gruta das Ninfas.

Três novas personagens em cena e mais uma oportunidade para se ressaltar, num crescendo, a misantropia de Cnêmon.

A mãe de Sóstrato, cujo nome não é mencionado na comédia, tivera um sonho e corre a sacrificar pelos quatro cantos do "demo".

Menandro procura retratá-la, bem como ao cozinheiro, com as tintas dos *Caracteres*: a dama ateniense reflete o *Caráter* XVI, Δεισιδαιμονία, "Deisidaimonía", a Superstição e Sícon, o cozinheiro, combina os traços do *Caráter* II, Κολαχεία, "Kolakeia", a bajulação e do V, Ἀρέσχεια, "Aréskeia", a complacência; Getas, escravo de Calípides, pai de *Sóstrato*, é um finório, um astuto que espera a ocasião oportuna para vingar-se de Cnêmon. Superstição, verve, bajulação, truculência e sagacidade, eis aí o que Menandro procura destacar nos diálogos finais do segundo episódio e de grande parte do terceiro:

Getas – Se o Pã com que ela sonhou foi o de Peânia, vamos ter que continuar a andar imediatamente para oferecer o sacrifício ao outro.

Sícon – Quem sonhou?

Getas – A senhora.

Sícon – Pelos deuses, que sonho?

Getas – Vais matar-me! Parecia que Pã...

Sícon – Falas deste Pã aqui?

Getas – Este aqui.

Sícon – Que fazia ele?

Getas – ...no filho do patrão, e Sóstrato...

Sícon – Num jovem tão fino... Que fazia ele?

Getas – Pregava grilhões.

Sícon – Por Apolo!

Getas – Oferecia-lhe depois um couro de cabra, uma enxada e o mandava capinar no terreno vizinho.

Sícon – Absurdo!

Getas – Eis aí por que sacrificamos. É para que esse presságio horrível tenha um bom desfecho.

Mãe de Sóstrato – Rápido, Plángon! Já devíamos ter feito o sacrifício.

Cnêmon (à parte) – Que calamidade é esta? Uma multidão! Que todos vão para o inferno.

Mãe de Sóstrato – Tudo está preparado para o nosso sacrifício?

Getas – Sim, por Zeus [...].

Mãe de Sóstrato – Preparai as cestas, a água lustral, as oferendas [...].

Cnêmon (só) – Desgraçados, oxalá pereçais miseravelmente! [...] A vizinhança dessas ninfas é uma calamidade para mim. Estou mesmo disposto a demolir minha casa e construir uma outra mais distante. Vejam como sacrificam esses bandidos! Trazem cestas, cântaros, não para os deuses, mas para eles próprios! O incenso e o bolo de cevada, eis em que se resume a sua piedade. Eis aí a oferenda que o deus recebe inteira, quando se põe no fogo. O rabo e a bexiga, porque ninguém os come, consagram-nos aos deuses e o resto eles o devoram... (*Mis.* 407-453).

Por azar os devotos de Pã esqueceram o caldeirão e, forçosamente, teriam que pedi-lo emprestado a um vizinho do deus... O primeiro a ser escorraçado foi Getas:

Cnêmon – Por que bates à minha porta três vezes, ordinário? Responde, homem.

Getas – Não me mordas!

Cnêmon – Sim, por Zeus, vou te morder e te devorar vivo! (*Mis.* 466-468).

Sícon, porém, não acreditou muito na habilidade do companheiro e deu ao público uma lição de relações públicas:

Sícon – Oxalá morras, desgraçado! Ele te insultou, talvez foste grosseiro ao fazer o pedido (*ao público*). Há pessoas que não sabem agir em tais circunstâncias [...] Trabalho na cidade para milhares de fregueses e sempre incomodo os vizinhos: pois bem, tomo emprestado utensílios de todo mundo. É preciso saber bajular, quando se necessita de alguma coisa. Um homem idoso atende à porta? De imediato eu o chamo "pai" e "papai". Uma velha? Digo "mãe". Se é uma mulher de idade mediana, chamo-a de "consagrada aos deuses". Um escravo? Digo "meu querido amigo". Mas vós até ameaçais enforcar. Que insensatez! (*batendo à porta de Cnêmon*) Garoto, menino, estais ouvindo? (*a Cnêmon que aparece*) Vem, papaizinho, quero te dizer uma palavrinha (Mis. 487-499).

Pobre cozinheiro! Se não foge, talvez fosse sacrificado a Pã!

No fim do primeiro episódio, Símica, criada de Cnêmon, deixara cair o balde no poço. Tentou retirá-lo e lá se foi também a enxada. Só agora é que o mestre na arte das antecipações dá sequência aos fatos. Uma longa preparação para a cena definitiva da comédia.

Enquanto continuam os preparativos para o grande sacrifício a Pã, Símica, apavorada, vem anunciar que o velho, na ânsia de salvar balde e enxada, também caíra no poço. Foi salvo por Górgias, com o auxílio mais romântico que efetivo de Sóstrato, que, em vez de olhar para o velho, que se debatia, e para o herói, que tentava salvá-lo, mergulhava seus olhos em dois outros poços mais verdes que os de Pandora!

O heroísmo desinteressado de Górgias provocou uma profunda alteração no comportamento do misantropo e nisto consiste a grande originalidade de Menandro em relação ao protagonista: o de ter sabido transformar, ao menos momentaneamente, *um tipo* em *um indivíduo*.

Vale a pena traduzir a fala do misantropo:

Cnêmon – Mírrina e Górgias, eu desejo vos dizer por que escolhi esta vida solitária; sei que não é justo, mas não podeis modificar meu modo de ser; pelo contrário, deveis concordar comigo. Sem dúvida, meu único erro foi crer que somente eu entre todos os homens podia bastar-me a mim mesmo, sem precisar de ninguém. Agora, quando vi com que rapidez imprevisível a vida pode chegar ao fim, achei que estava errado, pensando como outrora. É necessário ter sempre alguém perto de nós, pronto para nos ajudar. Mas, por Hefesto, eu estava muito confuso de tanto ver as pessoas viverem cada uma a seu modo, sempre por interesse, que jamais poderia pensar existir alguém no mundo capaz de agir desinteressadamente, por simpatia para com seu próximo. Neste obstáculo eu parava. Hoje, porém, apareceu um homem para me dar a prova, Górgias, que por sua conduta demonstrou ser um grande caráter. Salvou exatamente aquele que lhe impedia aproximar-se de sua porta, que jamais lhe prestou o menor auxílio, que não o cumprimentava, que nem falava com ele de boa vontade! Um outro teria dito com toda justiça: "tu não permitias que me aproximasse, então não me aproximo. Nunca nos ajudaste, também não te ajudarei hoje". Pois bem, meu jovem, quer eu morra agora, e seria de modo lastimável, tal o estado em que me encontro, quer, talvez, sobreviva, declaro-te meu filho. Tudo quanto possuo considera-o teu. Confio-te a guarda de minha filha. Consegue um marido para ela [...] Quanto a mim, se escapar, deixa-me viver a meu modo [...] Divide meus bens em duas partes iguais: uma é o dote dela; fica com a outra, trabalha e assegura com ela a nossa subsistência, a de tua mãe e a minha [...] Desejo apenas te dizer duas palavras acerca de meu modo de ser: se todos os homens fossem como eu, não haveria tribunais, nem prisões para onde se arrastam os semelhantes e nem guerras. Cada um viveria feliz com o pouco que tem. Vós, porém, preferis, sem dúvida, as coisas assim. Pois bem, vivei assim mesmo (*Mis.* 709-746).

Teria havido, realmente, uma conversão de Cnêmon?

Se na pintura do misantropo o poeta lançou mão da *Ética a Nicômaco* e dos *Caracteres* de Teofrasto, e fez da personagem um tipo, Menandro foi originalíssimo, quando através do exame de consciência do misantropo, que ao menos passou a acreditar no altruísmo, fez do protagonista um *indivíduo*. É uma brecha ao menos que o poeta abriu na muralha da misantropia universal da personagem. Seu único erro, diz ele, foi exatamente não acreditar que pudesse existir alguém capaz de agir desinteressadamente. Sob esse aspecto, Cnêmon tornou-se um *indivíduo*, dividiu seus bens, reconciliando-se, ao que parece, com a esposa e entregando a filha aos cuidados fraternos de Górgias.

Não há dúvida de que essa é a solução encontrada para recompensar a generosidade e heroísmo de Górgias, mas que se pode interpretar também como um ato de egoísmo: livre da administração dos bens e da filha, Cnêmon pode recolher-se à sua feroz solidão. Esse "recolher-se", todavia, já é um progresso... "não mais tereis em vossos calcanhares o velho rabugento e misantropo"[52].

Conversão verdadeira evidentemente não existiu: do princípio ao fim da comédia, Menandro mantém uma absoluta coerência psicológica em relação ao caráter de Cnêmon, como, aliás, o fez Terêncio com sua grande personagem Dêmea[53] e, em termos mais fortes e dramáticos, Ariano Suassuna com Eurico, o Euricão Árabe[54]. Três tipos diferentes, *o misantropo*, O EGOÍSTA e o *avarento*[55], que encontram, por motivos diferentes, guarida e paz na solidão, ou no egoísmo!

O noivado de Sóstrato e a chegada de seu pai Calípides, retratado como um esfaimado contumaz, apressam um segundo compromisso: Calípides, bom epicurista na teoria e na prática, consente em que sua filha Plángon se case com Górgias, pobre, mas honrado.

A partir desse momento a cena se desenvolve em dois planos diferentes: na gruta das Ninfas, o banquete e os preparativos para os casamentos:

Sóstrato – Esta noite vamos permanecer todos aqui, festejando. Amanhã celebraremos os casamentos (*Mis.* 850-852);

na casa de Cnêmon celebra-se a hora da vingança:

Getas – Há muito tempo que eu esperava por esta oportunidade [...].

---

52. O *misantropo*, 747.

53. Adelfos, 985-994.

54. O *santo e a porca*, 3º ato.

55. Qualquer aproximação com o avarento de Plauto, Euclião, no fecho da comédia *Aululária*, é anacrônica e absurda. A "conversão" de Euclião, que entregou a panela de ouro a Licônidas, é devida ao idealismo do humanista holandês do século XV, Codro Urceu, que refez a conclusão da peça, que chegou até nós incompleta.

Sícon – Estás me chamando?

Getas – Sim. Não queres te vingar do que ele fez ainda há pouco? (*Mis.* 885-891).

A vingança foi terrível: arrancaram o misantropo da cama ainda dormindo, trouxeram-no para fora e, ao som da flauta e em ritmo de dança, pediram-lhe emprestado os objetos mais incríveis. Atônito, meio sonolento e cheio de dores, Cnêmon foi arrastado assim mesmo para a gruta das ninfas. É o *kômos* que se organiza para celebrar, sob os olhos lascivos de Pã, deus da fertilidade, as festividades alegres de dois casamentos, o que faz lembrar, *mutatis mutandis*, as danças alucinantes de Filocleão e do Coro no fecho da comédia aristofânica *As vespas*.

Não se pode, no entanto, perder de vista que *O misantropo* é antes de mais nada uma intriga de amor, mas de um amor diferente daquele de que nos fala Ovídio[56]:

> *Dum fallax seruus, durus pater, improba lena*
> *Viuent et meretrix blanda, Menandros erit.*

Na peça só existe "o pai severo"; "a alcoviteira dissoluta e a meretriz carinhosa" estão ausentes. Na realidade, Ovídio, que certamente deve ter conhecido a totalidade ou a maioria das comédias de Menandro, está com a razão. Pecou apenas por generalização. Os fragmentos que ficaram do poeta, bem como as comédias de Plauto e Terêncio, que focalizam o amor, nos habituaram de fato a uma outra visão. Em geral, os jovens amorosos são *amantes*. A ligação com uma meretriz termina em casamento, quando se descobre que esta é uma mulher livre, filha de cidadão, como nos *Adelfos* de Terêncio. Moças de família são defloradas

---

56. *Amores*, 1, 15, 17-18: "Enquanto existir um escravo astuto, um pai severo, uma alcoviteira dissoluta e uma meretriz carinhosa, Menandro viverá".

durante festas noturnas, quando, via de regra, a bebedeira é geral, mas acabam por casar-se com o sedutor, sem o conhecer, como acontece na *Aululária* de Plauto. As crianças nascidas de uniões clandestinas são expostas e mais tarde reconhecidas, quando se regulariza a situação dos pais, como parece ter sido o caso da comédia *A arbitragem* do poeta ateniense.

Todos esses elementos são uma constante obrigatória da intriga na Comédia Nova grega e latina.

O misantropo, porém, foge totalmente a esse esquema. Desde o Prólogo somos informados de que Pã deseja recompensar com o casamento a devoção da filha de Cnêmon e se foi por interferência do deus que Sóstrato por ela se apaixonou, a conquista ele a realizou por seus próprios méritos. Górgias que é o altruísmo, o desprendimento, a firmeza de caráter, receberá como prêmio a mão de Plángon, a qual, pelo que se pode depreender do texto, é a modéstia, a submissão e o recato. Invertendo os dados tradicionais da NÉA, os jovens desta peça são bons e virtuosos, sobrepujando os próprios pais: Górgias leva a sério seu papel de irmão e zela bem mais que Cnêmon pela felicidade da irmã; Sóstrato, nos vs. 797-812, dá ao pai uma extraordinária lição acerca do bom aproveitamento do dinheiro e das vantagens da generosidade. O próprio deus Pã esquece por instantes sua natureza libidinosa para tornar-se ele o padrinho, e suas ninfas as damas, de dois casamentos certinhos...

Como explicar essa guinada na alegre comédia de Menandro? Ao que tudo faz crer, *O misantropo* tem um sentido político bem marcado. A encenação da peça, em 317 a.C., coincide realmente com o início do governo moralizante de Demétrio de Falero, que não só procurou sanear as finanças combalidas de Atenas, mas ainda, bom peripatético, levou a sério a reforma dos costumes. Incentivou os casamentos, é verdade, mas criou os célebres γυναιχονόμοι, "guynaikonómoi", magistrados com poderes extraordinários, uma verdadeira força policial masculina para vigiar e fiscalizar os costumes e o comportamento das atenienses, casadas, solteiras e outras...

De outro lado, os dois casamentos[57] anunciados no fecho da comédia estão plenamente de acordo com as ideias do tirano-filósofo, que, em política, aplica as teses de Aristóteles. Este, em sua *Política*, defende a criação de uma nova classe média burguesa: é a famosa μεσότης que, em matéria de casamento, aconselha a união de famílias ricas e pobres. O banquete, na conclusão da peça, que reúne todos os membros das duas famílias na gruta de Pã, é um símbolo dessa aliança.

A aplicação da μεσότης é nítida também na peça *Os Adelfos* de Terêncio, cujo desfecho é festejado por três casamentos. *A Aululária* de Plauto, cujo modelo deve ser da mesma época em que foi representado *O misantropo*, possui talvez, na pessoa de Megadoro, a melhor defesa dessa fusão de ricos com pobres[58]:

> *Narraui amicis multis consilium meum*
> *De condicione hac: Euclionis filiam*
> *Laudant; sapienter factum et consilio bono.*
> *Nam meo quidem animo si idem faciant ceteri,*
> *Opulentiores pauperiorum filias*

---

57. Os casamentos que encerram a intriga na NÉA não têm apenas, em se tratando de Menandro, uma finalidade política, mas são também uma reminiscência, uma sobrevivência do tema da fecundidade inerente ao gênero cômico, como o ἱερὸς γάμος, "hieròs gamos", o casamento sagrado da Comédia Antiga, em que Dioniso simbolicamente possuía a esposa do Arconte Rei, a *Basílinna*.

58. Aul. 475-484: "Contei a muitos amigos esta minha resolução de casamento: eles elogiam a filha de Euclião e dizem que foi uma boa ideia e que agi certo. Acho, na realidade, que se os outros ricos fizessem o mesmo com as filhas dos pobres e, mesmo sem dote, se casassem com elas, não só existiria muito mais concórdia na cidade, como haveria em torno de nós muito menos inveja do que há. Elas teriam por nós mais respeito do que têm e faríamos menos despesas do que fazemos".

Ut indotatas ducent uxores domum,
Et multo fiat ciuitas concordior,
Et inuidia nos minore utamur quam utimur,
Et illae malam rem metuant quam metuunt magis,
Et nos minore sumptu simus quam sumus.

Vinte e quatro séculos depois, Ariano Suassuna[59], consciente ou inconscientemente, ressuscitaria no nordeste brasileiro a μεσότης aristotélica: Margarida, "a pedra preciosa", que é um investimento para Euricão, casou-se com Dodó e Benona, com Eudoro Vicente. Ricos e pobres se uniram sob o olhar e as bênçãos de Santo Antônio!

O tema do *misantropo* já aparecera antes de Menandro com o *Misantropo* de Mnesímaco, com os dois Μονότροπος, "Monótropos", *O solitário* de Frínico e de Anaxilau e o *Timon* de Antífanes, todos da época da Comédia Média e inspirados numa personagem real, o célebre Tímon de Atenas, "o maior dos misantropos", a que alude Aristófanes em duas comédias, *Lisístrata*, 809ss. e *As aves*, 1459.

Na literatura ocidental o misantropo foi redescoberto por Shakespeare no *Timon of Athens*, pelo *Misanthrope* de Molière e pelo *Hurluberlu* de Anouilh.

Menandro, como Eurípides, não foi muito estimado pelo público ateniense, como nos dirá bem mais tarde Marco Valério Marcial: "poucas vezes o teatro aplaudiu as vitórias de Menandro". Seu afortunado rival foi Filêmon, "que muitas vezes lhe arrebatou a vitória, pelo mau gosto de seus contemporâneos".

Oito vitórias apenas, ao que parece, em cento e sete comédias, mostram realmente o pouco apreço dos inteligentes espectadores de Atenas pelo teatro do autor de *O misantropo*.

---

59. O *santo e a porca*, 3º ato.

O fato se explicaria pela amizade e ligação do poeta com o tirano Demétrio de Falero ou por não fazer ele concessões ao gosto do público, como aconteceu com seu grande imitador na literatura latina, Públio Terêncio, aplicando-se mais à pintura das situações e dos caracteres do que ao desenvolvimento da intriga?

Talvez por ambos os motivos.

A posteridade, todavia, como fez com Eurípides, concedeu ao grande poeta todas as coroas que Atenas lhe negara.

Conecte-se conosco:

f facebook.com/editoravozes

◉ @editoravozes

𝕏 @editora_vozes

▶ youtube.com/editoravozes

◉ +55 24 2233-9033

www.vozes.com.br

Conheça nossas lojas:
www.livrariavozes.com.br

Belo Horizonte – Brasília – Campinas – Cuiabá – Curitiba
Fortaleza – Juiz de Fora – Petrópolis – Recife – São Paulo

  Vozes de Bolso

EDITORA VOZES LTDA.
Rua Frei Luís, 100 – Centro – Cep 25689-900 – Petrópolis, RJ
Tel.: (24) 2233-9000 – E-mail: vendas@vozes.com.br